THOMAS OPPERMANN

Deutsche Rundfunkgebühren und europäisches Beihilferecht

Tübinger Schriften
zum internationalen und europäischen Recht

Herausgegeben von

Thomas Oppermann

in Gemeinschaft mit

Heinz-Dieter Assmann, Hans v. Mangoldt
Wernhard Möschel, Wolfgang Graf Vitzthum

sämtlich in Tübingen

Band 41

Deutsche Rundfunkgebühren und europäisches Beihilferecht

Von

Prof. Dr. iur. Dr. h. c. Thomas Oppermann

Duncker & Humblot · Berlin

Die Deutsche Bibliothek – CIP-Einheitsaufnahme

Oppermann, Thomas:
Deutsche Rundfunkgebühren und europäisches Beihilferecht /
von Thomas Oppermann. – Berlin : Duncker und Humblot, 1997
(Tübinger Schriften zum internationalen und europäischen
Recht ; Bd. 41)
ISBN 3-428-09064-0

Satz: G. Sander, Tübingen
Druck: Werner Hildebrand, Berlin
Printed in Germany

ISSN 0720-7654
ISBN 3-428-09064-0

Gedruckt auf alterungsbeständigem (säurefreiem) Papier
entsprechend ISO 9706 ♾

Vorwort

Die Finanzierung öffentlich-rechtlichen Rundfunks innerhalb der Europäischen Union in ihrem Verhältnis zum EG-Beihilferecht ist in den neunziger Jahren aufgrund von Beschwerden privater Fernsehveranstalter aus West- und Südeuropa in Brüssel sowie in der juristischen Literatur thematisiert worden. Da in diese Erörterungen das deutsche System der Finanzierung der öffentlich-rechtlichen Rundfunkanstalten durch Gebühren gelegentlich einbezogen wurde, wünschte die Arbeitsgemeinschaft der öffentlich-rechtlichen Rundfunkanstalten der Bundesrepublik Deutschland (ARD) und das Zweite Deutsche Fernsehen (ZDF), sich in dieser europarechtlichen Frage näher zu vergewissern. Verfasser hat hierzu Anfang 1996 ein Rechtsgutachten erstattet, welches hiermit veröffentlicht wird. Die zusammenfassenden Ergebnisse dieser Studie (hier unten S. 114) sind bereits in der Zeitschrift für Urheber- und Medienrecht (ZUM) 1996, S. 656 ff. publiziert worden. Das Gutachten ist jeweils vor einem interessierten Kreis in Brüssel am 29.05.1996 und in Bonn am 28.06.1996 vorgestellt und diskutiert worden. Diese Diskussionen und neuere Literatur sind in dem hiermit vorgelegten Text berücksichtigt. Ferner ist der Text auf den Stand des 3. Rundfunkänderungsstaatsvertrages v. 26.08./ 11.09.1996 gebracht worden, mit dem Rundfunkstaatsvertrag, Rundfunkgebührenstaatsvertrag und Rundfunkfinanzierungsstaatsvertrag mit Wirkung vom 01.01.1997 wesentliche Änderungen erfahren haben. Dagegen konnten zwei jüngste, dem Verband privater Rundfunk und Telekommunikation e.V. (VPRT) erstattete Rechtsgutachten zur Finanzierung öffentlich-rechtlicher Spartenprogramme unter dem Blickwinkel des EG-Beihilfenrechts (Bleckmann, Öffentlich-rechtliche Spartenprogramme als Bestandteil der Grundversorgung?, 1996; Engel, Europarechtliche Grenzen für öffentlich-rechtliche Spartenprogramme, 1996) hier nicht mehr im einzelnen eingearbeitet werden. Verfasser wird zu ihnen anderwärts Stellung nehmen. Die Ergebnisse des hiermit vorgelegten Textes bleiben nach Einsicht in diese beiden Gutachten unverändert.

Für ausländische Leser finden sich am Ende Zusammenfassungen der Ergebnisse des Gutachtens in englischer (S. 121 ff.) und französischer Sprache (S. 128 ff.).

Verfasser ist Frau Justitiarin Antje-Karin Pieper (ARD/WDR) und Herrn Justitiar Prof. Dr. Carl-Eugen Eberle (ZDF) für Unterstützung bei der Vorbereitung dieser Arbeit zu Dank verpflichtet. Gleiches gilt gegenüber Frau Rechtsreferendarin Christina Betzler (Tübingen), seinerzeit Assistentin an meinem Lehrstuhl, Herrn Wiss. Mitarbeiter Gerald G. Sander, M. A., Mag. rer. publ. und Frau Helga Reichert-Orlik, welche die allmähliche Genese des Textes meisterte. Herrn Verleger Professor Dr. h.c. Norbert Simon (Verlag Duncker und Humblot, Berlin) danke ich für sein Einverständnis zur Publikation in unserer Reihe "Tübinger Schriften zum Internationalen und Europäischen Recht". - Den Inhalt des Textes verantworte ich alleine.

Tübingen, Anfang 1997 *Thomas Oppermann*

Inhalt

Teil 2

Deutsche Rundfunkgebühren - Beihilfen im Sinne des EG-Vertrages? 30

Abkürzungsverzeichnis

AfP	Archiv für Presserecht
CMLRev.	Commun Market Law Review
DL	Dienstleistung
EWS	Europäische Wirtschaft und Steuern
HER	Handbuch des Europäischen Rechts
MP	Media-Perspektiven
RfG	Rundfunkgebühr
RFinStV	Rundfunkfinanzierungsstaatsvertrag
RGebStV	Rundfunkgebührenstaatsvertrag
RStV	Rundfunkstaatsvertrag
RuF	Rundfunk und Fernsehen
VVDStRL	Veröffentlichungen der Vereinigung Deutscher Staatsrechtslehrer
ZHR	Zeitschrift für Handelsrecht
ZUM	Zeitschrift für Urheber- und Medienrecht

Einführende Bemerkungen

Anfang der neunziger Jahre wandten sich private Fernsehveranstalter aus einigen EG-Mitgliedstaaten (nicht aus Deutschland) an die Europäische Kommission in Brüssel und äußerten europarechtliche Bedenken gegen die Art der öffentlichen Rundfunkfinanzierung in ihren Staaten unter Wettbewerbsgesichtspunken, insbesondere wegen eines behaupteten Beihilfecharakters (Art. 92 EGV) dieser Finanzierung.[1] Das Rundfunkfinanzierungsrecht dieser Mitgliedstaaten unterscheidet sich teilweise von demjenigen in Deutschland. So kennt es neben anderen Einnahmen eine unmittelbare Haushaltsfinanzierung öffentlichen Rundfunks.

Im Anschluß an diese Äußerungen kam es zu verschiedentlichen Erörterungen dieses Fragenkomplexes in Brüssel und auch in Deutschland. Aus deutscher Sicht stand dabei die Frage im Vordergrund, inwieweit das System der Finanzierung des öffentlich-rechtlichen Rundfunks in der Bundesrepublik, welches in erster Linie auf der Erhebung von Rundfunkgebühren beruht, von jener Diskussion zwischen der Kommission und anderen EG-Mitgliedstaaten berührt sein könnte. 1994 haben Selmer/Gersdorf in einer Studie zu dieser Thematik die Rechtsauffassung vertreten, das europäische Beihilferecht der Art. 92 ff. EGV lege eine "Zerlegung" des gesamten Versorgungsauftrages des Rundfunks in Deutschland dergestalt nahe, daß lediglich die "kulturspezifischen" Programmteile öffentlich finanziert werden dürften, während der sog. massenattraktive Programmsektor ausschließlich privat, d.h. vor allem aus Werbung zu finanzieren sei. Die Konsequenz einer solchen Auffassung wäre einerseits eine Begrenzung der Gebührenfinanzierung bei den öffentlich-rechtlichen Anstalten auf die sog. "kulturspezifischen" Sendungen, andererseits eine Beteiligung privater Rundfunkveranstalter am Rundfunkgebührenaufkommen, soweit diese "kulturelle" Sendungen veranstalteten.[2]

---

[1] Es handelte sich um Beschwerden zunächst aus Spanien 1992, später aus Frankreich, Italien und Portugal, jeweils von privaten Fernsehveranstaltern. Vgl. insbesondere die Plainte de TF 1 auprès de la Commission des Communautés Européennes en vertu des articles 85, 90 et 92 du Traité v. 10.03.1993 (unveröff. Manuskript).

[2] *Selmer/Gersdorf*, Die Finanzierung des Rundfunks in der Bundesrepublik Deutsch-

Eine solche Rechtsauffassung widerspricht ganz offensichtlich den Finanzierungsgrundsätzen der deutschen dualen Rundfunkordnung, wie sie im Rundfunkstaatsvertrag v. 26.8./11.9.1996 niedergelegt und insoweit durch die Rechtsprechung des Bundesverfassungsgerichts bestätigt worden sind.[3] Diese gehen von einer Mischfinanzierung des öffentlich-rechtlichen Rundfunks für seine verfassungsmäßigen und gesetzlichen Aufgaben mit vorherrschender Gebührenkomponente und eingegrenzter Werbefinanzierung und - andererseits - von einer umfassenden Werbefinanzierung des privaten Sektors aus, dessen Gebührenfinanzierung unzulässig ist.

Aber auch europarechtlich läßt sich die von Selmer/Gersdorf geäußerte Rechtsmeinung nur dann vertreten, wenn man - wie dort - einerseits den Beihilfenbegriff des Art. 92 EGV so weit ausdehnt, daß er auch Gebühren mit umfaßt, die als Gegenleistung für einen gesetzlich auferlegten öffentlichen Rundfunkauftrag gezahlt werden und andererseits den Kulturbegriff in Art. 92 Abs. 3 d), 128 EGV betont eng im Sinne von "Hochkultur" versteht. Beides erscheint nach der Rechtsprechung des Europäischen Gerichtshofes und der Auffassung der nach Art. 93, 128 EGV zur Beihilfenaufsicht und zur Kulturförderung berufenen Europäischen Kommission nicht geboten.

So hatte bereits der damalige Präsident der Kommission Jacques Delors in einem Schreiben an den früheren Ministerpräsidenten von Rheinland-Pfalz Rudolf Scharping die wichtige Rolle des öffentlich-rechtlichen Rundfunks in der Grundversorgung der Bevölkerung mit Information, Bildung, Kultur sowie Unterhaltungs- und Sportsendungen hervorgehoben und einer öffentlichen Finanzierung den Beihilfecharakter abgesprochen, wenn sie eine Vergütung von Dienstleistungen darstelle, die der Empfänger "im Auftrag der öffentlichen Hand verrichtet".

Inzwischen hat auch die Generaldirektion IV der Europäischen Kommission 1995 in gleichem Sinne betont, daß kulturelle Tätigkeit, unter die ihres Er-

---

land auf dem Prüfstand des EG-Beihilfenregimes, 1994. - Dieser Auffassung ist in der rundfunkrechtlichen Literatur sogleich widersprochen worden, vgl. etwa *Dörr/Closs*, Die Vereinbarkeit der Gebührenfinanzierung des österreichischen Rundfunks mit dem EG-Beihilferecht, ZUM 1996, S. 105 ff.; *Eberle*, Die Rundfunkgebühr - Verfassungsrechtlicher Anspruch und gesellschaftspolitische Funktion, in: Stern/Eberle/Hansmeyer/Oppermann, Die Finanzierung des Rundfunks nach dem Gebührenurteil des Bundesverfassungsgerichts, 1996, S. 15 ff.

[3] Rundfunkstaatsvertrag vom 26.8./11.9.1996, Text u.a. in: LT-Drucks. Bad.-Württ. 12/490, insbesondere §§ 10, 11, 25; BVerfGE 90, 60 ff.

achtens u.a. die Veranstaltung von Hörfunk- und Fernsehsendungen fällt, "nicht ein Produkt wie jedes andere sei".[4]

Insbesondere spielten Rundfunkveranstalter mit der Funktion eines öffentlichen Dienstes eine eminent wichtige Rolle bei der Förderung der regionalen, nationalen und europäischen Kulturen. Daher könnten die Mitgliedstaaten frei entscheiden, wie sie öffentliche Rundfunkdienste finanzierten, u.a. mittels Rundfunkgebühren. In diesem Zusammenhang wird von der Kommission nochmals der Beihilfecharakter von Rundfunkgebühren insoweit verneint, wie diese Gebühren lediglich die Kosten der öffentlichen Dienstverpflichtungen ("Public service obligations" im englischen Original) ausgleichen. Dies sei bis auf "Extremfälle" regelmäßig der Fall.

Da die Kommission den oben erwähnten Beschwerdefällen aus anderen Mitgliedstaaten weiter nachgehen wird und das Thema der öffentlichen Rundfunkfinanzierung unter den Gesichtspunkten des EG-Beihilferechts allgemein weiter prüft, wünschten in Deutschland ARD und ZDF, sich in dieser wichtigen Frage juristisch weiter zu vergewissern. Sie haben den Unterzeichnenden gebeten, rechtsgutachtlich die Frage zu prüfen, inwieweit die deutschen Rundfunkgebühren vom EG-Beihilfenrecht berührt werden. Das Ergebnis dieser Prüfung wird hiermit vorgelegt (vgl. insbesondere die Zusammenfassung der Ergebnisse unten S. 108 ff.). Entsprechend der Fragestellung ist diese Untersuchung eine europarechtliche. Dabei wird der Rechtsprechung des Europäischen Gerichtshofes als primär maßgeblichem Interpreten des EG-Rechts besondere Aufmerksamkeit geschenkt, sowie den sonstigen amtlichen Auffassungen, insbesondere der Europäischen Kommission. Das deutsche Recht, einschließlich der Rechtsprechung des Bundesverfassungsgerichts, wird insoweit berücksichtigt, wie es für die Beantwortung der gemeinschaftsrechtlichen Fragen erforderlich ist.

---

[4] Arbeitsunterlage der Generaldirektion IV: Die Informationsgesellschaft vorbereiten: Leitlinien für staatliche Beihilfen für Kunst und Kultur unter besonderer Berücksichtigung des audiovisuellen Sektors (unveröff. Manuskript, englische Originalfassung vom 09.03.1995). Auch die Generaldirektion Wettbewerb der Kommission sieht offenbar die Notwendigkeit der Einbeziehung der Kulturaspekte nach Art. 3 p, 128 EGV, vgl. *Fröhlinger*, EG-Wettbewerbsrecht und Fernsehen, in: Bayerische Landeszentrale für neue Medien (Hrsg.), Euro-Medien-Dimensionen, 1993, S. 103 ff. - Die Kommission hat ferner einen Bericht über die Rundfunkfinanzierung in der EU von einem englischen Beratungsunternehmen erstellen lassen: *Putnam, Hayes & Bartlett* (Hrsg.), Report on Public Television Financing and Obligations in the European Union, 1995 (Autoren: *Sturgess/Aubel/Pistre/Argimon*) - unveröff.

Teil 1

Deutsche Rundfunkgebühren und der Anwendungsbereich des EG-Vertrages

I. Deutsche Rundfunkgebühren

1. Gesetzliche Regelung

Wenn man die Frage stellt, inwieweit die deutschen Rundfunkgebühren vom Beihilferecht des EG-Vertrages (Art. 92 ff. EGV) berührt werden, bedarf es zunächst einer Besinnung auf die Regelung und den Rechtscharakter dieser Gebühren, einschließlich ihrer verfassungsrechtlichen Einordnung in Deutschland. Hierbei kann in Kürze auf eine im großen und ganzen seit längerem geklärte Rechtslage verwiesen werden.[5]

Wer in Deutschland ein Rundfunkempfangsgerät (Hörfunk- und/oder Fernsehgerät) bereithält, muß Rundfunkgebühren zahlen (§ 11 Abs. 2 RStV). Diese Gebühren, die über eine bundesweit tätige Gebühreneinzugszentrale (GEZ) der Rundfunkanstalten erhoben werden, fließen als eine Art "Bürgerabgabe" an die jeweils örtlich zuständige Landesrundfunkanstalt. Das Gebührenaufkommen ist die vorrangige Finanzierungsquelle des öffentlich-rechtlichen Rundfunks in Deutschland (§ 11 Abs. 1 RStV). Daneben finanziert sich der öffentlich-rechtliche Rundfunk zu einem geringen Teil durch Einnahmen aus Rundfunkwerbung und aus sonstigen Einnahmen ("Mischfinanzierung").[6] Im

---

[5] *Herrmann*, Rundfunkrecht, 1994, S. 703 ff. m.w.N. oder *Hartstein u.a.* 1995 (Anm. 3), S. 906 ff. Vertraglich/gesetzliche Rechtsgrundlagen sind vor allem der Rundfunkstaatsvertrag (RStV) v. 26.8./11.9.1996 (oben Anm. 3) i.V.m. dem Rundfunkgebührenstaatsvertrag (RGebStV) und dem Rundfunkfinanzierungsstaatsvertrag (RFinStV) gleichen Datums. Während der RStV die Finanzierungsgrundsätze aufstellt, enthält der RGebStV die Prozedur der RfGebührenregelung und der RFinStV die Höhe der Rundfunkgebühren.

[6] Mit Ausnahme des ZDF liegen die Werbeeinnahmen der deutschen öffentlich-rechtlichen Rundfunkanstalten inzwischen in der Größenordnung von ca. 7 % der Einnahmen aus Rundfunkgebühren. Beim ZDF sind es noch über 20%. Vgl. das Schaubild für 1993 bei *Putnam, Hayes & Bartlett* (Anm. 4), S. 37 u. S. 43 ff.

Gegensatz zu den privaten Sendern, die sich beinahe ausschließlich aus Werbung finanzieren und am Gebührenaufkommen nach § 25 RStV nicht teilhaben, ist die Werbung beim öffentlich-rechtlichen Rundfunk gesetzlich stark eingeschränkt (insbesondere im Fernsehen im wesentlichen höchstens 20 Minuten, nur an Werktagen, im Jahresdurchschnitt, keine Werbung nach 20 Uhr, § 15 RStV). Auch im öffentlich-rechtlichen Hörfunk ist die Werbung nach § 15 Abs. 4 RStV fühlbar eingeschränkt (90 Minuten werktäglich im Jahresdurchschnitt). Das Recht einzelner Bundesländer enthält zusätzliche Begrenzungen.

Das Aufkommen aus den Rundfunkgebühren, welches die essentielle Einnahmequelle des öffentlich-rechtlichen Rundfunks darstellt, ist - zusammen mit den anderen Einnahmen - zur Finanzierung der Gesamtheit seiner verfassungsmäßigen und gesetzlichen Aufgaben bestimmt (§ 10 Abs. 1 RStV). Dieses Gebührenaufkommen hat einerseits den Bestand und die Entwicklung des öffentlich-rechtlichen Rundfunk zu gewährleisten, dient andererseits aber auch zur Finanzierung besonderer Aufgaben gemäß § 29 RStV, die insbesondere die Aufsicht über den privaten Rundfunk ermöglichen.[7] Von dieser gesetzlichen Bestimmung der Gebühren her bestimmt sich ihre Höhe. Um der verfassungsmäßigen Rundfunkfreiheit (Art. 5 Abs. 1 GG) willen werden die Rundfunkgebühren in einem "staatsfernen" Verfahren regelmäßig neu festgesetzt.[8] Hier ist der abschließende Beschluß der Parlamente der deutschen Bundesländer nunmehr weitgehend an das Votum einer unabhängigen Kommission zur Ermittlung des Finanzbedarfs der Rundfunkanstalten (KEF) gebunden. Die KEF prüft dabei die Finanzierungsanträge der Anstalten eingehend auf ihre wirtschaftliche Berechtigung. Die Gebührenhöhe hat sich an den verfassungsmäßigen Aufgaben des öffentlich-rechtlichen Rundfunks zu orientieren, nämlich vor allem der Grundversorgung der Bevölkerung bei der demokratisch-politischen Meinungsbildung und im gesellschaftlich-kulturellen Leben ("klassischer Rundfunkauftrag").[9] Dabei muß der öffentlich-rechtliche Rundfunk zur

---

[7] BVerfGE 31, 314 (330): Die Rundfunkgebühr ist "das von den Ländern eingeführte Mittel zur Finanzierung der Gesamtveranstaltung" (Rundfunk). Vgl. auch *Eberle*, Die Rundfunkgebühr, AfP 1995, S. 559 ff.

[8] Aufgrund der Vorgaben der Entscheidung BVerfGE 90, 60 ff. ist das Verfahren der Festsetzung der Rundfunkgebühren im RFinStV 1996 (oben Anm. 5) in den §§ 1 ff. unter Stärkung der KEF als vorentscheidender Instanz neu geregelt worden.

[9] BVerfGE 73, 118, ständige Rechtsprechung, vgl. zusammenfassend *Herrmann*

wirksamen Erfüllung dieses öffentlichen Auftrags programmlich und technologisch auf der Höhe der Zeit bleiben können. Das deutsche Bundesverfassungsgericht hat in diesem Zusammenhang mehrfach betont, daß die Wahrnehmung der Grundversorgung durch den öffentlich-rechtlichen Rundfunk die Voraussetzung dafür darstellt, daß daneben ein privater Rundfunk zugelassen wird, an dessen Programmangebot im Hinblick auf die Breite und die Sicherung von Vielfalt nicht gleich hohe Anforderungen gestellt werden müssen wie im öffentlich-rechtlichen Sektor.[10] Aus diesen Feststellungen wird besonders sichtbar, daß es bei der Gebührenfinanzierung um die Sicherung einer öffentlichen Dienstleistung geht.

Außerdem gelten bei der Festsetzung der Gebührenhöhe die Grundsätze der Wirtschaftlichkeit und Sparsamkeit (§ 12 RFStV). In der Praxis müssen sich die deutschen öffentlich-rechtlichen Rundfunkanstalten heute zunehmend mit Defiziten in ihren Haushalten auseinandersetzen.

2. Rechtsnatur der Rundfunkgebühren

Nach heute herrschender Meinung läßt sich die Rundfunkgebühr nicht eindeutig einer bestimmten Abgabenkategorie zuordnen, sondern weist einen Mischcharakter auf. In ihr vereinen sich Elemente der Gebühr und des Beitrags.[11]

a) Gebührenelement

Mit der Zahlung der RfG erwirbt der Rundfunkteilnehmer die Möglichkeit, die Leistungen öffentlich-rechtlicher Rundfunkanstalten zu nutzen und überhaupt Rundfunkprogramme zu empfangen. Kennzeichnend für die Anstaltsbenutzungsgebühr ist ein Austauschverhältnis von Leistung und Gegenlei-

---

(Anm. 5), S. 182 ff. oder *Bethge*, Funktionsgerechte Finanzierung durch den Staat, AöR 1991, S. 521 ff.

[10] Vgl. Anm. 9 und näher unten Teil 1, I, 3 a).

[11] Vgl. auch zum folgenden *Grupp*, Grundfragen des Rundfunkgebührenrechts, 1983, S. 41 ff.; *Oppermann/Kilian*, Rechtsgrundsätze der Finanzierung öffentlich-rechtlichen Rundfunks in der dualen Rundfunkverfassung der Bundesrepublik Deutschland, 1989, S. 88 ff.; W. *Schmidt*, Die Rundfunkgebühr in der dualen Rundfunkordnung, 1989; *Herrmann* (Anm. 5), S. 703 ff. m.w.N.

stung. Die Einordnung als Gebühr ist nicht deshalb ausgeschlossen, weil sie bereits mit dem Anschluß an die Anlage zu erbringen ist.

Sieht man in der Aufstellung des Empfangsgeräts den Anschluß an die Rundfunkanstalten, so liegt darin nicht unbedingt die tatsächliche Nutzung im Sinne der Wahrnehmung von Sendungen durch den Besitzer des Gerätes. Die Rundfunkgebühr fällt auch dann an, wenn das Gerät niemals eingeschaltet wird oder ausschließlich das Angebot privaten Rundfunks in Anspruch genommen wird.[12] In der Praxis erfolgt jedoch regelmäßig eine Nutzung auch des öffentlich-rechtlichen Rundfunks.

Für Leistung und Gegenleistung ist daher die "Wahrscheinlichkeit der dauernden unkontrollierbaren Nutzung" ausreichend.[13]

Die RfG wird allerdings durch ihren Namen nicht zu einer reinen Gebühr. Nicht die Bezeichnung als "Gebühr" durch den Gesetzgeber, sondern der materiell-rechtliche Kern ist insoweit maßgeblich.[14] Gegen die Qualifizierung als reine Gebühr spricht der Anknüpfungspunkt der "Bereithaltung". So gesehen enthält die RfG Elemente des Beitrags zu öffentlichen Leistungen.[15]

b) Beitragselement

Auch ein einseitiges Abstellen auf den Beitragscharakter wird dem Wesen der RfG jedoch nicht gerecht. Die Qualifizierung nur als Beitrag würde die Anknüpfung an einen Ausnahmetatbestand bedeuten. Meistens werden die Sendungen der zuständigen Landesrundfunkanstalt bzw. das überregionale öffentlich-rechtliche Programm (ARD/ZDF) von den Teilnehmern empfangen. Damit liegt eine tatsächliche Nutzung vor. Für diesen Regelfall ist die Klassifizierung als Gebühr zutreffend. Das Bereithalten eines Geräts, ohne es zum Empfang einzuschalten, ist seltene Ausnahme. Ähnliches gilt für eine ausschließliche Nutzung privaten Rundfunks. Immerhin kommen der Rundfunkgebühr wegen ihres Anknüpfungspunktes, der auf die Möglichkeit des Emp-

[12] Hess.VGH, Urt. v. 22.11.1990, AfP 1991, S. 771 ff. (772); BVerfGE 90, 60 ff. (90 f.).

[13] BVerwGE 29, 214 (217); BayVGH, BayVBl. 1967, S. 244 ff.(245).

[14] BVerfGE 7, 244, Leitsatz 3; BVerfGE 49, 343 (353).

[15] BVerwGE 79, 90 (92); OVG Berlin, Urt. v. 31.07.1990 - 8 B 43, 90.

fangs des Gesamtprogramms aller Anstalten abstellt, gewisse Eigenschaften des Beitrags zu.

c) Rundfunkgebühren als Zwecksteuer?

Neuerdings wird die Rundfunkgebühr gelegentlich in die Nähe einer Zwecksteuer gesetzt.[16] Dabei wird auf ihre Verwendung zugunsten der Gesamtveranstaltung öffentlich-rechtlicher Rundfunk verwiesen.

Die zunehmende Auflösung des Zusammenhangs zwischen der Rundfunkgebühr und individuellen Sendeleistungen ist ein Argument der Einstufung der Rundfunkgebühr als Zwecksteuer. Mit dem Aufkommen privater Rundfunkanbieter und der gestiegenen Empfangsmöglichkeit ausländischer Sender vermindert sich die Beziehung zwischen der Gebührenzahlung und dem Empfang eines bestimmten Programms weiterhin.

Die Negierung jeglichen Gegenleistungscharakters bei der RfG geht jedoch an der Realität des Verhaltens der Rundfunkteilnehmer in ihrer Gesamtheit vorbei. Wie schon gesagt dürfen die wenigen Teilnehmer, die das öffentlich-rechtliche Programmangebot nie nutzen, nicht zum alleinigen Maßstab der abgaben-rechtlichen Beurteilung der Rundfunkgebühr hochstilisiert werden.

Eindeutig ist im übrigen auch, daß die Rundfunkgebühr nicht auf der Steuergesetzgebung des Art. 105 GG beruht, sondern auf den Vorgaben der Länderstaatsverträge.[17] Die Rundfunkgebühr wächst nicht dem allgemeinen Staatshaushalt zu. Es geht vielmehr konkret um eine Deckung der Kosten der Gesamtveranstaltung Rundfunk und dabei in erster Linie der leistenden Rundfunkanstalten. Dieses Austauschverhältnis widerspricht von vornherein dem Charakter einer Steuer.

d) Mischcharakter der Rundfunkgebühr

Im Ergebnis stellt die Rundfunkgebühr somit eine Zwischenform mit Komponenten der Anstaltsbenutzungsgebühr und vor allem ein Mittel zur der Finanzierung der Gesamtkosten der Veranstaltung Rundfunk in Deutschland

---

[16] Vgl. *Hümmerich/Beucher*, Rundfunkfinanzierung auf dem Prüfstand, AfP 1989, S. 708 ff.

[17] Oben Anm. 3, 5.

dar.[18] Indirekt sichert der auf diese Weise vor allem finanzierte öffentlich-rechtliche Rundfunk die Existenz eines privaten Rundfunks, der in wesentlich geringerem Maße mit öffentlich-rechtlichen Pflichten "bepackt" ist. Diese Zwitterform der Rundfunkgebühr stellt ein funktionsbezogenes Finanzierungssystem dar. Zum einen erbringt die Gebühr eine Leistung für konkrete Programmgegenleistungen, zum anderen ist das ihr innewohnende Beitragselement aber auch Ausdruck der Garantie eines Gesamtsystems des Rundfunks in Deutschland, das nicht beliebiger marktmäßiger Entwicklung überlassen werden darf. Die Gebührenfinanzierung sichert Bestand und Entwicklung eines stabilen öffentlich-rechtlichen Teiles der dualen Rundfunkordnung. Seine Existenz wird von Art. 5 GG in einem kulturpolitischen Sinne als pluralitätsstiftender und damit demokratiewesentlicher Faktor öffentlicher Meinungsbildung ("Öffentliche Rundfunkdienste") vorausgesetzt.

3. Gebührenfinanzierung des öffentlich-rechtlichen Rundfunks - Grundlage der dualen Rundfunkordnung in Deutschland

Wie bereits angedeutet, stellt nach deutschem Verfassungsrecht ein finanziell gesicherter öffentlich-rechtlicher Rundfunk die Existenzgrundlage für die duale Rundfunkordnung dar. Dabei fällt der Gebührenfinanzierung der Rundfunkanstalten eine entscheidende Rolle zu.[19]

a) Öffentlich-rechtlicher Rundfunk als Voraussetzung von Privatem Rundfunk

Das Nebeneinander von öffentlich-rechtlichem und privatem Rundfunk seit Mitte der achtziger Jahre in der deutschen dualen Rundfunkordnung bedurfte einer Abgrenzung der beiderseitigen Aufgaben. In diesem Zusammenhang spielte der Finanzierungsmodus eine besondere Rolle.

Rundfunkfreiheit ist in der Sicht des Bundesverfassungsgerichts in erster Linie nicht ein individuelles Grundrecht, sondern erfüllt in einem objektiven

---

[18] So die heute herrschende Auffassung in Rechtsprechung und Literatur, vgl. besonders BVerfGE 31, 314 ff. (330); *Hartstein u.a.*, 1995 (Anm. 3) und die Nachweise in Anm. 11 und 15.

[19] Zuletzt wieder BVerfGE 90, 60 ff. (90 f.); *Hoffmann-Riem*, Kommunikations- und Medienfreiheit, in: Benda/Maihofer/Vogel, HdbVerfR, 2. Aufl. 1995, S. 191 ff. (250 ff.: "Gemeinwirtschaftliches Integrationsmodell") m.w.N.

Sinne "dienende" Funktionen zugunsten der Herstellung von Meinungsfreiheit und sonstigen Kommunikationsfreiheiten. Daher ergeben sich aus Art. 5 Abs. 1 GG Anforderungen an das inländische Gesamtangebot der Rundfunksendungen im Sinne der Gewährleistung eines Mindestmaßes an Ausgewogenheit, Vielfalt, Objektivität sowie eines kulturellen Standards.[20] Der private Rundfunk, der zu seiner Finanzierung auf hinreichende Werbeeinnahmen essentiell angewiesen ist, kann infolge der Sachzwänge eines massenattraktiven Programmes nicht die Qualität und Breite vielfältiger medialer Grundversorgung der Bevölkerung erfüllen. Der aus Art. 5 GG und dem Demokratieprinzip abzuleitende Auftrag zur Herstellung politischer, gesellschaftlicher und kultureller Meinungsvielfalt bedarf eines auch finanziell unabhängigen öffentlich-rechtlichen Rundfunks.

Aus diesem Grunde haben Gesetzgebung und Rechtsprechung seit langem festgestellt, daß die Gebührenfinanzierung des öffentlich-rechtlichen Rundfunksektors zumindest "vorrangige Finanzierungsquelle" bleiben muß, weil nur so die wirtschaftliche Unabhängigkeit der Sender gewährleistet bleibt.[21] Die duale Rundfunkordnung kann, mit anderen Worten, solange verfassungsrechtlich unbedenklich bestehen, wie der öffentlich-rechtliche Rundfunk durch entsprechende Gebührenzuweisung seinen Aufgaben in Unabhängigkeit gerecht werden kann. Die Gebührenfinanzierung des öffentlich-rechtlichen Rundfunks sowie auch über § 40 RStV der Landesmedienanstalten ermöglicht erst die Entwicklung einer privaten Seite der Rundfunkordnung, in der - gemäß ihren ökonomischen Gesetzlichkeiten - die Anforderungen an die Vielfalt und den Standard des Programms etwas kleiner geschrieben werden dürfen. In einem mittelbaren Sinne ist die Finanzierung der Gesamtheit der öffentlichen Rundfunkaufgaben durch das Gebührenaufkommen die verfassungsrechtliche Voraussetzung für den privaten Rundfunksektor im Sinne der Rechtsprechung des Bundesverfassungsgerichts.[22]

---

[20] BVerfGE 57, 295 (325).- Vgl. auch *Putnam, Hayes & Bartlett* (Anm. 4), S. 74: "The foundation of public service broadcasting and programming obligations in Germany comes from provisions of the German constitution".

[21] Jetzt § 12 Abs. 1 RStV; allgemein *Oppermann/Kilian* (Anm. 11), S. 105 ff.

[22] BVerfGE 73, 118 ff. (157); grundsätzlich gesehen auch von *Putnam, Hayes & Bartlett* (Anm. 4), S. 75. Deutlich auch *Eberle* (Anm. 2), S. 19.

b) Legitimation der Rundfunkgebühr insbesondere durch die Grundversorgung

Die vom gebührenfinanzierten öffentlich-rechtlichen Rundfunk zu erfüllenden Aufgaben werden vom Bundesverfassungsgericht seit den achtziger Jahren vor allem mit der Vokabel "Grundversorgungsauftrag" umschrieben.[23] Damit ist das Angebot eines Gesamtprogramms gemeint, welches sowohl die notwendige Vielfalt in der Meinungsbildung für die demokratische Ordnung ermöglicht, als auch ein breitgefächertes Programmangebot in gesellschaftlich-kulturpolitischer Hinsicht. Dieses schließt sowohl qualitativ anspruchsvolle Programme ein als auch massenattraktive Unterhaltungssendungen im weitesten Sinne. Die deutsche Grundversorgung entspricht so der berühmten Formel von Lord Reith für die BBC der 30er Jahre: "Inform, educate and entertain".

Seine Präzisierung erfährt der Begriff der Grundversorgung insbesondere mittels einer Negativabgrenzung: Grundversorgung erschöpft sich nicht in einer Mindest- oder Teilversorgung. Sie bedeutet auch keine Grenzziehung oder "Arbeitsteilung" zwischen privatem und öffentlich-rechtlichem Rundfunk in dem Sinne, daß dem privaten Sektor die Unterhaltung zugewiesen wäre, der öffentlich-rechtlichen Seite das "Anspruchsvolle". Vielmehr haben die Anstalten den gesamten "klassischen Rundfunkauftrag" jederzeit zu gewährleisten, während den Privaten ihrerseits die Veranstaltung qualitativ hochwertiger Programmteile freisteht. Positiv formuliert umfaßt die Grundversorgung damit folgende Elemente:[24]

---

[23] BVerfGE 73, 118 ff. (157); E 74, 297 ff.; E 83, 238 ff. st. Rspr.; *Niepalla*, Die Grundversorgung durch die öffentlich-rechtlichen Anstalten, 1990; *Herrmann* (Anm. 5), S. 182 ff. m.w.N.; *Bethge*, Der Grundversorgungsauftrag des öffentlich-rechtlichen Rundfunks in der dualen Rundfunkordnung, MP 1996, S. 66 ff. - Dieser Auftrag der Anstalten ist auch in den differierenden Voten der Bundestags-Enquête-Kommission "Zukunft der Medien" unbestritten geblieben, vgl. 1. Zwischenbericht, BT/Drucks. 13/6000 S. 19 einerseits, S. 51, 79 andererseits. *Engel*, Die Konkurrenz zwischen den öffentlich-rechtlichen Rundfunkanstalten und privaten Anbietern, in: Peter/Rhein (Hrsg.), Wirtschaft und Recht 1989, S. 243 ff., möchte entgegen dem Bundesverfassungsgericht den umfassenden Charakter des Grundversorgungsauftrags nicht anerkennen und kommt daher im EG-Beihilferecht durchweg zu anderen Ergebnissen. Dagegen sieht auch *Lück*, Der Begriff der Grundversorgung aus der Sicht eines privaten Veranstalters, in: Stern u.a. (Anm. 22), S. 8 den offenen Charakter der Grundversorgung ("bewußt unscharf").

[24] Insbesondere BVerfGE 73, 118 (152 f.); E 74, 297 (325). - Ähnlich ist innerhalb

(1) Einen inhaltlichen Programmstandard, der dem klassischen Rundfunkauftrag im Bereich von Information, Kunst und Unterhaltung in vollem Umfang gerecht wird.

(2) Übertragungstechniken zur Empfangsmöglichkeit überall und von jedermann.

(3) Organisatorische und verfahrensrechtliche Absicherungen zugunsten der Meinungsvielfalt. Um vielfaltsverengenden Tendenzen gegenzusteuern, die der Werbungsfinanzierung immanent sind, muß die Gebührenfinanzierung mindestens vorrangig bleiben.[25]

(4) Es müssen die technischen, organisatorischen, personellen und finanziellen Vorbedingungen zur Erfüllung der Grundversorgung gewährleistet werden. Grundversorgungsgarantie bedeutet nicht allein die Sicherung eines bestimmten Programmstatus, sondern ebenso die dynamische Gewährleistung, daß das Programm inhaltlich und in der Nutzung der sendetechnischen Möglichkeiten stets auf der Höhe der Zeit bleibt ("Bestands- und Entwicklungsgarantie" des öffentlich-rechtlichen Rundfunks).[26]

---

der European Broadcasting Union (EBU) die Aufgabe von "Public service broadcasters" definiert worden:

- to provide programming for the entire national population
- to contribute actively to the democratic process, safeguard national culture and identity, and act as an integrating factor for society
- to provide varied and balanced quality programming for alle sections of the population.

The third requirement, in particular, demands output which comprises both mass appeal programmes (entertainment shows, films, series, major sports events, news etc.) and programmes catering for various minority interests (EBU Legal Committee, 21-22.04.1994, unveröff.).

[25] BVerfGE 87, 181 ff. (199 f.); E 90, 60 ff. (90).

[26] BVerfGE 73, 118 ff., E 87, 181 ff. (203 f.); *Libertus*, Grundversorgungsauftrag und Funktionsgarantie. - Die Bestands- und Entwicklungsgarantie ist einfachgesetzlich in § 11 Abs. 1 RSTV niedergelegt. - Entgegen *Bleckmann/Pieper*, Zulassung von Spartenprogrammen im öffentlich-rechtlichen Rundfunk, 1996 und *Engel*, Europarechtliche Grenzen für öffentlich-rechtliche Spartenprogramme, 1996 beinhaltet die Bestands- und Entwicklungsgarantie im Falle eines allmählichen Wandels der Sendestrukturen daher auch die Möglichkeit der Veranstaltung öffentlich-rechtlicher Spartenprogramme.

Zusammenfassend läßt sich festhalten, daß die deutsche Rundfunkgebühr verfassungsrechtlich vor allem zur Erfüllung des so umschriebenen Grundversorgungsauftrags geboten ist.

c) Zum Umfang der Gebührenfinanzierungsgarantie des öffentlich-rechtlichen Rundfunks

Eine exakte Bestimmung des jeweiligen Umfangs der Finanzierungs- und damit Gebührengarantie zugunsten des öffentlich-rechtlichen Rundfunks ist schwierig. Neben sonstigen verfassungsrechtlichen und gesetzlichen Aufgaben im Sinne des § 11 Abs. 1 RStV geht es dabei vor allem um die eben dargestellte Grundversorgung. Es kann nicht für jede singuläre Sendung festgestellt werden, inwieweit sie der Erfüllung des Grundversorgungsauftrags dient oder für die öffentliche Meinungsbildung bzw. für andere Aspekte der Grundversorgung verzichtbare Bestandteile enthält. Auch Unterhaltungssendungen gehören grundsätzlich mit zur Grundversorgung, die sich nicht in künstlerischen oder informativen Aspekten erschöpft. Die "Mischung" der Grundversorgung aus ihren Komponenten gehört zur publizistischen Freiheit der Rundfunkanstalten, die Inhalt und Form ihrer Darbietung selbst auswählen.

Natürlich kann dies nicht bedeuten, daß die Anstalten nicht mehr von ihrem verfassungsrechtlichen und gesetzlichen Auftrag umfaßte Programmkomponenten realisieren und auf diese Weise die Finanzierungsgarantie der öffentlichen Hand grenzenlos ausweiten. Ihr Ermessen ist an eine nachvollziehbare Einordnung in den verfassungsrechtlichen und gesetzlichen Rundfunkauftrag gebunden.[27] Auf der anderen Seite bleibt zu beachten, daß dem deutschen öffentlich-rechtlichen Rundfunk - über den im engeren Sinne verfassungsmäßigen Grundversorgungsauftrag hinaus - weitere gesetzliche Aufgaben zugewiesen werden können (§ 11 Abs. 1 RStV). Das Bundesverfassungsgericht spricht von einem offenen oder dynamischen Rundfunkauftrag, z.B. bei der Veranstaltung bestimmter Regionalprogramme.[28] Auch auf die Erfüllung solcher zusätzlicher gesetzlicher Aufgaben bezieht sich die Finanzie-

---

[27] Vgl. auch zum Folgenden BVerfGE 74, 297 ff. (332); BVerfGE 87, 181 ff. (201 f.); BVerfGE 90, 60 ff. (92).

[28] BVerfGE 83, 238 ff. (299), 87, 181 ff. (204). Vgl. aber auch VGH Baden-Württemberg, ZUM 1994, S. 151 ff., der ein bestimmtes neues regionales Hörfunkprogramm als qualitative Erweiterung des Grundversorgungsangebots rechtfertigte. Daher besteht auch kein prinzipieller verfassungsrechtlicher Einwand dagegen be-

rungsgarantie des § 11 Abs. 1 RStV. Insgesamt gesehen hat der öffentlich-rechtliche Rundfunk gegenüber der öffentlichen Hand den Anspruch, eine Finanzausstattung erlangen zu können, die ihn in die Lage versetzt, die Gesamtheit des Rundfunkauftrags zu erfüllen, den das Grundgesetz und einfaches Gesetzesrecht ihm auferlegen. Da trotz des Prinzips der Mischfinanzierung (Gebühren/Werbung) die Alimentierung der Rundfunkanstalten heute zum allergrößten Teil (bei der ARD über 90%, beim ZDF ca. 80%) aus den Gebühreneinnahmen erfolgt, versteht sich die im Rundfunkstaatsvertrag ausgesprochene Finanzierungsgarantie zugunsten der Erfüllung der öffentlichen Rundfunkaufgaben in erster Linie als eine Gebührenfinanzierungsgarantie für das Gesamtprogramm des öffentlichen Rundfunks.[29]

II. Rundfunk in der Rechtsordnung des EG-Vertrages

1. Allgemeines

Eine Prüfung der deutschen Rundfunkgebühren an den Kriterien des EG-Beihilferechts setzt als erstes voraus, daß Rundfunktätigkeit grundsätzlich in den Anwendungsbereich des EG-Vertrags fällt. Bekanntlich verfügt die EG/EU nicht über eine "souveräne" Allzuständigkeit, sondern befaßt sich - gemäß dem fundamentalen Prinzip der begrenzten Einzelzuständigkeit (Art. E EUV, Art. 189 EGV) - nur mit denjenigen Aufgaben, zu deren Erfüllung die Mitgliedstaaten der Gemeinschaft Befugnisse übertragen haben.[30]

Seit längerem ist anerkannt, daß Rundfunkaktivitäten unter bestimmten Gesichtspunkten vom EG-Vertrag erfaßt werden. Zwar ist der kulturelle Be-

---

stimmte Segmente des Grundversorgungsauftrages in der Technik von Spartenprogrammen zu verwirklichen. Vgl. auch oben Anm. 26.

[29] BVerfGE 90, 60 ff. (90: "Die dem öffentlich-rechtlichen Rundfunk gemäße Art der Finanzierung ist danach die Gebührenfinanzierung"); *Badura*, Rundfunkfreiheit und Finanzautonomie, 1986; *Dörr*, Europäische Perspektiven der dualen Rundfunkordnung, ZUM 1995, S. 264 ff. oder *Lange*, Die Finanzierung des öffentlich-rechtlichen Rundfunks in der zukünftigen Wettbewerbssituation, ZUM 1995, S. 529 ff. ("Die Rundfunkgebühr ... ist das notwendige Pendant zum gesellschaftlichen Auftrag des öffentlich-rechtlichen Rundfunks").

[30] *Oppermann*, Europarecht, 1991, S. 168 ff.; *Kraussér*, Das Prinzip der begrenzten Einzelermächtigung im Gemeinschaftsrecht als Strukturprinzip des EWGV, 1991. - Zu der abzulehnenden Auffassung, daß es bei der Reichweite der Art. 92 ff. EGV gar nicht auf eine sachliche EG-Zuständigkeit ankomme, unten Teil 2, I, 1.

reich, dem Rundfunkaktivität wesentlich zugeordnet werden kann, grundsätzlich weiterhin den Mitgliedstaaten - in Deutschland vor allem den Bundesländern - anvertraut. Der Europäische Gerichtshof hat in ständiger Rechtsprechung betont, daß es den Mitgliedstaaten überlassen bleibt, im Rundfunkbereich Kulturpolitik zu betreiben und u.a. pluralistische, nicht-gewerbliche Rundfunksysteme zu unterhalten.[31] Seit dem Maastrichter Unionsvertrag leistet auch die Gemeinschaft kulturpolitische Beiträge, wie der neue Art. 128 EGV ausweist.[32] Dabei wird der audiovisuelle Bereich in Art. 128 Abs. 2 EGV ausdrücklich angesprochen. Ferner setzt der ebenfalls durch den EUV neu eingefügte Art. 92 Abs. 3 d) EGV voraus, daß Beihilfen zur Förderung der Kultur und der Erhaltung des kulturellen Erbes sich im Anwendungsbereich des Vertrages befinden. Trotz dieser Neuerungen verbleibt der kulturelle Bereich weithin in nationaler Zuständigkeit.

Rundfunk ist aber nicht nur kulturelle oder sonstwie programminhaltliche Tätigkeit, sondern hat auch eine beachtliche wirtschaftlich-technische Seite ("Rundfunkökonomie"). Sowohl die zuständigen Instanzen der Gemeinschaft - insbesondere der Europäische Gerichtshof - als auch mitgliedstaatliche (deutsche) Sicht sind sich mittlerweile einig, daß Rundfunkverbreitung und -empfang als Dienstleistungen im Sinne von Art. 59 f. EGV begriffen werden müssen und so an der Herstellung der EG-weiten Dienstleistungsfreiheit teilhaben, die Bestandteil einer der vier Grundfreiheiten des EGV ist.

2. Rundfunk im Verständnis der Gemeinschaft, insbesondere des Europäischen Gerichtshofes

Schon in den siebziger Jahren hat der EuGH festgestellt, daß es sich bei grenzüberschreitenden Rundfunksendungen im Sinne des EGV (damals EWGV) nicht um Warenverkehr, sondern um Dienstleistungen im Sinne von Art. 59 f. EGV handelt, die damit in die EG-weite Dienstleistungsfreiheit einbezogen sind.[33] Es handelt sich dabei um den anerkannten Sonderfall der DL, bei dem sowohl der Erbringer der DL (hier der Sender) als auch der Dienstlei-

---

[31] EuGHE 1991, I - 4007 (4034), RS C 228/89 st. Rspr.

[32] *Fechner*, Kultur (Komm. zu Art. 128 EGV), HER I A 59 (1995); *Wemmer*, Die neuen Kulturklauseln des EG-Vertrages, 1996.

[33] EuGHE 1974, 409 ff. (428), RS 155/73, "Sacchi", st. Rspr.; zusammenfassend *Schwartz*, Zur Zuständigkeit der EG im Bereich des Rundfunks, AfP 1987, S. 375 ff.

stungsnehmer (Rundfunkteilnehmer) ihren Aufenthaltsort beibehalten und nur die Dienstleistung als solche die Grenze überschreitet. Mittlerweile hat der Gerichtshof betont, daß es für die gemeinschaftsrechtliche Betrachtung des Rundfunks als Dienstleistung nicht auf die Übertragungstechnik ankommt. Sowohl die klassische terrestrische Ausstrahlung als auch die modernen Übertragungstechniken via Satellit und Kabel gehören hierher.[34]

Ebenso ist es in diesem Zusammenhang ohne Belang, daß die inhaltliche Seite von Rundfunkveranstaltungen wesentlich nichtwirtschaftlich ist, nämlich informativ, kunstgetragen und auch unterhaltend. Der Dienstleistungsbegriff des Art. 60 GG ist nicht nur ökonomisch, sondern umfassend gemeint, wie Art. 60 Abs. 2 EGV ("insbesondere") und auch die dortige Erwähnung freiberuflicher Tätigkeiten zeigen. Zu ihnen gehören beispielsweise journalistische, schriftstellerische oder künstlerische Aktivitäten.[35] Gerade die Personenfreiheiten des EGV, zu denen die Dienstleistungsfreiheit rechnet, sollen nicht nur einen Binnenmarkt verwirklichen, sondern in einem allgemeinpolitischen Sinne dem "Europa der Bürger" dienen.

Beim Rundfunk als Dienstleistungstätigkeit steht allerdings gemeinschaftsrechtlich der technisch-wirtschaftliche Aspekt im Vordergrund. Es wird "nur" die Freiheit des DL-Verkehrs gewährt und nicht etwa eine programminhaltliche EG-Kompetenz begründet. Diese verbleibt vielmehr, wie es auch Art. 13 der EG-Fernseh-Richtlinie von 1989 ausdrücklich bestätigt, in der Zuständigkeit der Mitgliedstaaten. Die Tatsache, daß es sich beim Rundfunk um den Transport geistiger Güter handelt, schließt den DL-Charakter ebensowenig aus, wie etwa der freie Warenverkehr mit Büchern im Sinne von Art. 9 ff., 30 ff. EGV deswegen entfiele, weil es sich beim Buch nicht nur um eine Handelsware, sondern auch um ein Kulturgut handelt.

Für die Dienstleistung im Sinne des Art. 60 Abs. 1 EGV ist ferner wesentlich, daß sie in der Regel gegen Entgelt erbracht wird. Es handelt sich um eine erwerbswirtschaftliche Tätigkeit, nicht aber notwendig mit Gewinnerzielungsabsicht. Dabei wird der Entgeltcharakter in der europäischen Rechtsprechung flexibel gesehen. Die Zahlung muß nicht notwendig zwischen dem DL-Erbringer und dem DL-Nehmer fließen.[36] Sowohl die Gebührenzahlung bei öf-

---

[34] EuGHE 1980, 833 ff. (855), RS 52/79, "Debauve".

[35] *Hakenberg*, in: Lenz (Hrsg.), EG-Vertrag, Komm., 1994, zu Art. 60 RdNr. 12 ff. m.w.N.

[36] EuGHE 1988, 2085 ff. - RS 352/85.

fentlich-rechtlichem Rundfunk als auch eine Werbefinanzierung wird als Entgeltlichkeit der Sendung verstanden.

Schließlich gehört die Grenzüberschreitung der Leistung zum freien DL-Verkehr im Sinne des EGV (Art. 59: "innerhalb der Gemeinschaft"). Bei Ausstrahlung von Rundfunksendungen ist dies unter den heutigen technischen Gegebenheiten in so hohem Maße der Fall, daß der DL-Charakter aus europäischer Sicht auch in diesem Punkte bejaht wird.[37] Im Sinne der im EG-Recht üblichen "wirksamen" Auslegung (effet utile), die sich an den Zielen des Vertrages orientiert, ist Leitbild ein Binnenmarkt, in dem sämtliche wirtschaftlichen Betätigungen von allen Beschränkungen aus Gründen der Staatsangehörigkeit oder des Wohnsitzes befreit sind. Bei der komplexen Rundfunktätigkeit ist ferner zu berücksichtigen, daß zwar die Ausstrahlung der Sendung als Kommunikationsdienstleistung der wichtigste Aspekt ist. Sie steht aber in Zusammenhang mit einer Fülle von vorbereitenden und Hilfstätigkeiten - wie die Produktion von Sendungen, der Rechte-Erwerb usf. - , die ihrerseits als oftmals grenzüberschreitende Betätigung der DL-Freiheit oder anderen Grundfreiheiten des Vertrags unterliegen.

Im Ergebnis steht die Einstufung der Rundfunkaktivitäten in den Anwendungsbereich des EGV und dabei schwerpunktmäßig in die Dienstleistungsfreiheit der Art. 59 ff. EGV aus europäischer Sicht seit langem fest.

3. Die deutsche Sicht

In Deutschland begegnete die Einbeziehung der Rundfunktätigkeiten in den Anwendungsbereich des EGV, insbesondere unter die Dienstleistungsfreiheit nach Art. 59 f. EGV längere Zeit und teilweise noch heute Mißtrauen und einer gewissen Reserve. So hatte u.a. die deutsche Regierung in den Verfahren vor dem EuGH in den siebziger Jahren die Auffassung vertreten, die Ausstrahlung von Fernsehsendungen erfolge im Rahmen einer öffentlichen Aufgabe, die voll der nationalen Souveränität unterstehe.[38]

Vor allem bestand die Befürchtung, die Gemeinschaft beabsichtige mit der Einordnung von Rundfunksendungen unter die Dienstleistungsfreiheit eine vollständige Einbeziehung des Rundfunks in die Gemeinschaftszuständigkeit.

---

[37] Die Nachweise aus der EuGH-Rspr. bei *Hakenberg* (Anm. 35), RdNr. 18.

[38] Vgl. die Wiedergabe in der Rechtssache "Sacchi" (oben Anm. 33).

Dies widerspreche der vorrangigen programminhaltlichen Bedeutung der Rundfunktätigkeit. Sie sei als eine allgemein- und gesellschaftspolitische sowie kulturelle Aufgabe jedoch nicht der EG überantwortet worden, sondern in mitgliedstaatlicher Zuständigkeit verblieben.[39]

Inzwischen hat auch die Rechtsprechung des Gerichtshofes hinreichend klargestellt, daß die Einbeziehung des Rundfunks in Art. 59 f. EGV nicht eine Unterordnung des gesamten Rundfunkbereichs unter den Vertrag bedeuten kann, sondern sich auf das beschränken muß, was in einem liberalisierenden Sinne zur Herstellung der Grundfreiheiten des EGV erforderlich ist.[40] Auch mit dem Erlaß der auf Art. 57 Abs. 2, 66 EWGV gestützten EWG-Fernsehrichtlinie 1989 (RL 89/552, ABl. 1989, L 298/23 ff.), die sich im wesentlichen auf Regelungen über Fernsehwerbung, Sponsoring, Jugendschutz und Gegendarstellungsrecht beschränkte, machte die EG deutlich, daß sie das Prinzip der begrenzten Einzelermächtigung achtete.[41] Problematisch erschien allerdings aus deutscher Sicht die in der Richtlinie enthaltene gewisse Verpflichtung zur majoritären Ausstrahlung "europäischer Werke", weil damit - entgegen Art. 13 der Richtlinie - in die Programmfreiheit der Rundfunkanstalten eingegriffen werde. In diesem Sinne hat das Bundesverfassungsgericht in seinem Urteil vom 22.03.1995 einerseits der "gefestigten Vertragsauslegung des Europäischen Gerichtshofes" nicht mehr widersprochen, daß die Art. 59 ff. EWGV der Gemeinschaft im Rundfunkbereich eine gewisse Harmonisierungskompetenz eröffneten.[42] Andererseits unterschied das BVerfG hiervon die o.g. Quo-

---

[39] Aus der vielfältigen Literatur etwa *Ipsen*, Rundfunk im Europäischen Gemeinschaftsrecht, 1983; *Ossenbühl*, Rundfunk zwischen nationalem Verfassungsrecht und europäischem Gemeinschaftsrecht, 1986; *Hoffmann-Riem*, Kulturelle Identität und Vielfalt im Fernsehen ohne Grenzen?, MP 1985, S. 181 ff.; *Delbrück*, Die kulturelle und individuelle Identität als Grenzen des Informationspluralismus, in: Wolfrum (Hrsg.), Recht auf Information und Schutz vor Information, 1986, S. 181 ff.; *Kugelmann*, Der Rundfunk und die Dienstleistungsfreiheit des EWG-Vertrages, 1991; *Eberle*, Das europäische Recht und die Medien am Beispiel des Rundfunks, AfP 1993, S. 422 ff.

[40] Insbesondere in der Rechtssache "Debauve" (oben Anm. 34).

[41] In den Absätzen 3 u. 7 der Präambel sowie in Art. 13 der Richtlinie wird festgestellt, daß die Programminhalte des Fernsehens in der Zuständigkeit der Mitgliedstaaten verbleiben und daß die Herstellung fairer Wettbewerbsbedingungen und des freien Dienstleistungsverkehrs in der EG unbeschadet der Funktion des Fernsehens erfolgt, das Allgemeininterese zu wahren, sowie unbeschadet der kulturellen Inhalte der Dienstleistungen.

[42] BVerfGE 92, 203 ff.

tenregelung zugunsten der europäischen Werke, die den Rundfunk als eine überwiegend kulturelle und gesellschaftspolitische Angelegenheit betreffe, auf welche die Gemeinschaft kompetenzwidrig Einfluß nehme, wenn sie eine verbindliche Quotenregelung einführen wolle.

Auf diese Kontroverse braucht in diesem Zusammenhang nicht weiter eingegangen zu werden. Entscheidend für die hier im folgenden zu behandelnde Prüfung der deutschen Rundfunkgebühren unter den Gesichtspunkten des EG-Beihilferechts bleibt die Feststellung, daß nach dem heutigen Stand der Rechtsauffassungen, insbesondere der insoweit übereinstimmenden Rechtsprechung des Europäischen Gerichtshofs und des Bundesverfassungsgerichts Rundfunktätigkeiten jedenfalls in begrenztem Ausmaß als Dienstleistungen im Sinne des EGV zu verstehen sind und sich insoweit eine Zuständigkeit der Gemeinschaft zur Verwirklichung der Grundfreiheit des Art. 59 f. EGV eröffnet. Die durch den Maastrichter Unionsvertrag zusätzlich begründete begrenzte Mitwirkung der EG im kulturellen Bereich nach Art. 128 EGV ergänzt mittlerweile diese Sicht. So ist prinzipiell der Anwendungsbereich des Vertrags auch für eine beihilfenrechtliche Prüfung von Rundfunkgebühren im Sinne der Art. 92 ff. EGV eröffnet.

Teil 2
Deutsche Rundfunkgebühren - Beihilfen im Sinne des EG-Vertrages?

Wenn man die Beihilfenregelung der Art. 92 ff. EGV grundsätzlich als Prüfungsmaßstab für die deutschen Rundfunkgebühren anwendet, stellt sich zunächst die Frage, ob es sich bei diesen Abgaben überhaupt um "Beihilfen" im Sinne des Art. 92 Abs. 1 EGV handelt.

Bekanntlich beschränkt sich diese Verbotsnorm auf "staatliche oder aus staatlichen Mitteln" gewährte Beihilfen und bestimmt insoweit:

> "Soweit in diesem Vertrag nichts anderes bestimmt ist, sind staatliche oder aus staatlichen Mitteln gewährte Beihilfen gleich welcher Art, die durch die Begünstigung bestimmter Unternehmen oder Produktionszweige den Wettbewerb verfälschen oder zu verfälschen drohen, mit dem Gemeinsamen Markt unvereinbar, soweit sie den Handel zwischen den Mitgliedstaaten beeinträchtigen".

Bevor die Frage gestellt wird, ob deutsche Rundfunkgebühren tatsächlich solche Beihilfen sind, ist zu untersuchen, ob sie grundsätzlich in den sachlichen und zeitlichen Anwendungsbereich der Art. 92 ff. fallen.

I. Anwendungsbereich der Art. 92 ff. EGV

1. Sachlich

Aus verschiedenen Gründen fällt Rundfunktätigkeit sachlich unter das EG-Beihilfenregime. Zum einen wurde bereits dargelegt, daß Rundfunktätigkeit als grenzüberschreitende Dienstleistung unter eine der Grundfreiheiten des EG-Vertrags fällt.[43] Damit unterliegt sie grundsätzlich der Beihilfenkontrolle nach Art. 92 ff. EGV.

---

[43] Oben II, 2-3.

Nach einer weitergehenden Auffassung kommt es hierauf nicht einmal an.[44] Hiernach hat das Beihilfenregime des EGV - den vier Grundfreiheiten vergleichbar - eine eigenständige "funktionelle" Aufgabe. Danach käme es für die Anwendbarkeit der Art. 92 ff. EGV nicht auf eine Handlungskompetenz im Sachbereich der staatlichen Unterstützungshandlung an, die im Sinne des Prinzips der begrenzten Einzelermächtigung zugewiesen ist. Maßgeblich sei allein die Verwirklichung des Normziels des Art. 92 EGV, nämlich die Sicherstellung eines Systems unverfälschten Wettbewerbs. Welche staatlichen Interventionen als unvereinbar mit dem Gemeinsamen Markt angesehen werden, ist nach dieser Auffassung nur durch die Tatbestandsmerkmale des Art. 92 Abs. 1 EGV determiniert. Die Wirkung der Maßnahme, also die Beeinträchtigung des freien Wettbewerbs und zwischenstaatlichen Handels, ist hiernach entscheidend für die Reichweite der Verbotsnorm.

Die Ausklammerung einer Beihilfe zugunsten von Unternehmen eines bestimmten Sektors vom Beihilfeverbot erfolgt dann erst auf der Ebene des Ausnahmekatalogs des Art. 92 Abs. 3 EGV. Legt man diese Auffassung zugrunde, wäre das EG-Beihilfenregime auf den Rundfunksektor auch ohne Berücksichtigung von dessen sonstiger Position im Vertrag anwendbar.

Auch wenn man die letztgenannte Auffassung für zu weitgehend hält, weil die Sicherung eines Systems unverfälschten Wettbewerbs nicht sinnvoll losgelöst von den Zuständigkeitsbereichen des EGV gedacht werden kann, bedarf es hier keiner abschließenden Erörterung dieser Streitfrage. Nach beiden Meinungen ergibt sich im Ergebnis die grundsätzliche Anwendbarkeit des EG-Beihilfenrechts auf Rundfunktätigkeiten.

2. *Zeitlich*

In einem zeitlichen Sinne ist zu fragen, ob sich aus der Tatsache, daß öffentliche Rundfunkgebühren seit 1958 bis in die neunziger Jahre von der Kommission unter den Aspekten der Art. 92 ff. EGV nicht als prüfungswürdig angesehen wurden, Schlüsse auf die Nichtanwendbarkeit der Beihilfenormen in diesem Zusammenhang ziehen lassen.

In einem absoluten Sinne wird man sich zwar auf dieses Argument nicht stützen können. Zum einen erfaßt die Beihilfenkontrolle der EG gemäß Art.

---

[44] *Selmer/Gersdorf* (Anm. 2), S. 22 f. m.w.N.

92 ff. EGV unstrittig sogar Beihilfehandlungen, die vor Inkrafttreten des EGV neu eingeführt wurden (Art. 93 Abs. 1 EGV: "bestehende Beihilferegelungen").[45] Die Kommission ist zu einer Kontrolle auch nach langer Beihilfepraxis der Mitgliedstaaten befugt.

Ferner ist zu berücksichtigen, daß im Rundfunkbereich in Deutschland und anderwärts ungefähr seit den achtziger Jahren infolge der zusätzlichen Sendemöglichkeiten durch die Entwicklung der Übertragungstechniken ("Neue Medien") eine neuartige Lage entstanden ist. Mit dem Aufkommen privater Konkurrenz hatte sich die Rundfunklandschaft grundsätzlich verändert. Der Übergang von dem Beinahe-Monopol öffentlich-rechtlichen Rundfunks zu einer dualen Rundfunkordnung könnte auch für die beihilferechtliche Beurteilung der Rundfunkgebühren nicht ohne Relevanz sein. Mit der Zulassung privater Rundfunkstationen ist in bestimmten Ausmaß eine Wettbewerbssituation zwischen dem öffentlich-rechtlichen und dem privaten Sektor entstanden. Da die Gebührenfinanzierung nur dem öffentlich-rechtlichen Rundfunk zusteht, könnte sie möglicherweise einen wettbewerblich relevanten Faktor darstellen, der im Lichte der Art. 92 ff. EGV zu prüfen bleibt.

Auch wenn die jahrzehntelange Untätigkeit der Kommission bei der Beihilfenkontrolle im Rundfunkbereich daher nicht ein a-priori-Argument zugunsten des Ausschlusses dieses Sektors von den Art. 92 ff. EGV darstellt, erscheint diese Zurückhaltung hier nicht ohne Belang. Die Existenz des deutschen Rundfunkgebührenwesens war den Vertragsvätern von 1958 als ein offenkundiges Faktum bekannt und ebenso anschließend der Kommission. Auch ohne die Existenz eines privaten Rundfunksektors wäre theoretisch denkbar gewesen, die in manchem unterschiedliche öffentliche Rundfunkfinanzierung in den einzelnen Mitgliedstaaten unter den Gesichtspunkten des Art. 92 EGV iVm. Art. 90 EGV zu betrachten. Wenn über mehr als drei Jahrzehnte und auch in den achtziger Jahren beim Aufkommen privaten Rundfunks niemand auf diesen Gedanken kam, ist dies ein bemerkenswertes prima-facie-Argument dafür, daß es den Verfassern der Verträge und anschließend der Kommission ferne lag, derartige Finanzierungsformen öffentlicher Rundfunkdienste überhaupt als Beihilfen anzusehen. Dieser Gesichtspunkt darf bei der nachfolgenden Prüfung nicht aus den Augen verloren werden.

---

[45] *Rawlinson*, in: Lenz (Hrsg.), Komm.EGV, 1994, zu Art. 93, RdNr. 3.

II. Rundfunkgebühren und Beihilfenbegriff des Art. 92 Abs. 1 EGV

Wenn die Art. 92 ff. EGV grundsätzlich im Rundfunkbereich anwendbar sind, stellt sich als erstes die Frage, ob Rundfunkgebühren in ihrer gesetzlichen Ausgestaltung nach deutschem Recht überhaupt Beihilfen im Sinne des Art. 92 EGV sind. Diese Frage bedarf kritischer Hinterfragung. Unterfällt die Gebühr nicht dem Beihilfebegriff, kommt es auf eine Überprüfung ihrer Vereinbarkeit mit dem Gemeinsamen Markt, d.h. eines etwaigen wettbewerbsverfälschenden Charakters und einer zwischenstaatlichen Handelsbeeinträchtigung als weitere Tatbestandsmerkmale des Art. 92 Abs. 1 EGV gar nicht mehr an.

Der Beihifebegriff ist - mit anderen Worten - das primäre Tatbestandsmerkmal des Art. 92 Abs. 1 EGV. Angesichts des Ziels der Gemeinschaft, den Wettbewerb innerhalb des Binnenmarktes vor Verfälschungen zu schützen (Art. 3 lit. g) EGV), ist eine wirksame und nicht zu enge Auslegung des Tatbestandsmerkmals der Beihilfe geboten.[46] Gleichzeitig ist jedoch schon auf der Ebene der allgemeinen Ziele der EG zu beachten, daß die Gemeinschaft gleichrangig mit den wettbewerblichen Vertragszielen zu Beiträgen zugunsten einer qualitativ hochstehenden Bildung und zur Entfaltung des Kulturlebens in den Mitgliedstaaten verpflichtet ist (Art. 3 p EGV). Sie hat den kulturellen Aspekten bei allen Tätigkeiten Rechnung zu tragen (Art. 128 Abs. 4 EGV).

1. Beihilfeleistung

Eine gesetzliche Definition des Beihilfebegriffs gibt es nicht. Entstehungsgeschichtlich befindet er sich in der Nähe des Subventionsbegriffes des Art. XVI GATT ("Subsidy") beziehungsweise von Art. 4 c EGKSV ("Subventionen oder Beihilfen"). Gewisse kleinere Differenzierungen zwischen Beihilfe- und Subventionsbegriff können jedoch im Zusammenhang dieser Untersuchung außer Betracht gelassen werden. Im großen und ganzen bedeuten Beihilfe und Subvention im Sinne des Vertrags dasselbe.[47]

---

[46] EuGHE 1974, 709 ff. (718-719) - RS 173/73, EuGHE 1988, 2855 ff. - RS 57/86 st. Rspr.; *Rawlinson* (Anm. 45), Art. 92 RdNr. 2, m.w.N.

[47] So schon *Thiesing*, in: Groeben/Boeckh/Thiesing/Ehlermann, Komm. EWGV, 3. Aufl. 1983, Art. 92, Rz. 1, und *Lenz*, in: EuGHE 1986, 2321 ff.(2327) - RS 40/85.

Allerdings hat der EuGH in jüngerer Zeit betont, der Beihilfebegriff sei insoweit weiter als der Subventionsbegriff zu verstehen, daß er nicht nur positive Leistungen umfasse, sondern alle Maßnahmen, die ein Unternehmen direkt oder auch indirekt ("versteckt") entlasteten.[48]

Eine umfassende und einheitliche Definition des Beihilfebegriffs haben EuGH und Kommission jedoch noch nicht unternommen, wahrscheinlich, um die immer wieder im Fluß befindliche Entwicklung der Tatbestände nicht vorschnell zu präjudizieren. Immerhin gibt es bestimmte Elemente der Beihilfe, über die grundsätzliche Klarheit besteht.

a) Begünstigung des Beihilfeempfängers als Element der Beihilfe

Schon der Wortlaut des Art. 92 Abs. 1 EGV setzt voraus, daß eine Beihilfe die "Begünstigung" bestimmter Unternehmen oder Produktionszweige hervorruft. Der Gerichtshof hat dieses zentrale Element des Beihilfebegriffs immer wieder hervorgehoben und die Kommission hat sich dem regelmäßig angeschlossen.[49] Dabei ist zu beachten, daß nach dieser Rechtsprechung die objektive "Wirkung" einer solchen Begünstigung ausreichend ist. Die entsprechenden Fördermaßnahmen brauchen nicht eine vorteilhafte Auswirkung bezweckt haben.

Entscheidend ist daher, auf welche Weise sich eine begünstigende Wirkung bestimmter Maßnahmen feststellen und messen läßt. Hierfür ist zunächst erforderlich, daß die Lasten, welche das Unternehmen zu tragen hat, durch die staatliche Zuwendung vermindert werden ("allgemeine Begünstigung").[50]

Hieraus folgt aber zugleich, daß eine Maßnahme dann nicht mehr als "Begünstigung" angesehen werden kann, wenn sie nur eine angemessene Ge-

---

[48] EuGHE 1994, I - 877 ff. - RS C 387/92. So auch schon *Rengeling*, Das Beihilferecht der EGen, in: Börner/Neundörfer (Hrsg.), Recht und Praxis der Beihilfen im Gemeinsamen Markt, 1984, S. 23 ff. und *Palmeri*, Gli aiuti di stato. Art. 92-94 Trattato CE, 2. Aufl.1992, S. 47 f.

[49] Seit EuGHE 1961, 1 ff. - RS 30/59, "Steinicke"; EuGHE 1974, 709 ff. - RS 173/73 st. Rspr. - Zur Übernahme der EuGH-Rechtsprechung durch die Kommission etwa E v. 23.07.1971, ABl. L 179/37. - Zum Ganzen auch *Dörr/Closs/Kreutzer*, Die Vereinbarkeit der Gebührenfinanzierung des österreichischen Rundfunks mit dem EG-Beihilferecht, 1995, S. 16 ff.

[50] Ebenfalls seit EuGHE 1961, 1 ff. - RS 30/59, "Steinicke", st. Rspr.

genleistung für Betätigungen des Empfängers darstellt, die aufgrund der Zuwendungen erbracht werden. In diesen Fällen tritt keine Minderung von Lasten ein, sondern es werden mittels eines Entgelts lediglich Aufwendungen des Empfängers ausgeglichen. Beihilfen sind daher im Sinne der Rechtsprechung des Gerichtshofs und der Kommissionspraxis in solchen Fällen immer nur diejenigen Geld- oder Sachleistungen zugunsten von Unternehmen, die jenseits des Wertes der Gegenleistung liegen, welcher vom Adressaten der staatlichen Zuwendung mit deren Hilfe erbracht wird ("Überkompensation").[51] Dabei hat der EuGH mit guten Gründen insbesondere die Auffassung vertreten, daß finanzielle Zuwendungen, die Unternehmen als Gegenleistungen für Verpflichtungen im öffentlichen Interesse zufließen, nicht als Beihilfen anzusehen sind.[52] Im sog. "Altöl-Fall" ging es beispielsweise um Zuschüsse an Unternehmen, die diesen für die Abholung und Beseitigung von Altöl gezahlt wurden, welches aus Umweltschutzgesichtspunkten beseitigt werden sollte. Ihnen sprach der Gerichtshof den Beihilfecharakter ab. Die Kommission hat diese verständliche Sicht übernommen und mehrfach betont, daß eine Beihilfe im Sinne des Art. 92 Abs. 1 EGV dann nicht vorliegt, wenn die in Frage stehenden Zahlungen eine angemessene Vergütung für erbrachte öffentliche Dienstverpflichtungen darstellen. In jüngster Zeit hat sie in diesem Zusammenhang ausdrücklich auf öffentliche Rundfunkgebühren Bezug genommen.[53]

Diese im Grundsatz klare und gegenüber dem auf eine "Begünstigung" abstellenden Wortlaut von Art. 92 Abs. 1 EGV einleuchtende EG-Praxis ist in der europarechtlichen Theorie gelegentlich durch gewisse Verfeinerungen unnötig kompliziert worden. Überzeugend ist allerdings der Hinweis, daß im Falle der Zuwendung eines unentgeltlichen Vorteils eine Beihilfe vorliegt.[54] Im Grunde bringt diese "Theorie der Unentgeltlichkeit" nur mit anderen Worten zum Ausdruck, daß hier eine Lastenverminderung des Unternehmens im

---

[51] Vgl. wiederum die in den Anmerkungen 49) und 50) genannte Rspr., ferner etwa EuGHE 1980, 1205 ff. (1228) - RS 61/79 "Denkavit".

[52] EuGHE 1985, 531 ff. (550) - RS 240/83, "Altöl".

[53] Vgl. etwa 23. Wett' rbsbericht der Kommission, 1994, RdNr. 389 oder die Antwort Delors' auf die "Scharping-Anfrage" (Text: FUNK-Korrespondenz Nr. 43/28.10.1994, S. 9): Keine Beihilfe, wenn "sie eine Vergütung von Dienstleistungen darstellt, die der Empfänger im Auftrag der öffentlichen Hand verrichtet". Vgl. ferner die Arbeitsunterlage der GD IV 1995 (Anm. 4), S. 6 f. Die beiden letztgenannten Äußerungen bezogen sich auf öffentliche Rundfunkgebühren.

[54] *Rawlinson* (Anm. 45), Art. 92 RdNr. 3; *v. Wallenberg*, in Grabitz/Hilf (Hrsg.), EUV/EGV-Komm. (1992), Art. 92, RdNr. 2, jeweils m.w.N.

Sinne der allgemeinen Begünstigung eingetreten ist, ohne daß eine Gegenleistung erbracht wurde. Solche Fälle sind also ganz unproblematisch.

Dagegen steht es weder mit der oben erwähnten Rechtsprechung des Gerichtshofes und der Kommissionspraxis noch mit der Ratio des Art. 92 EGV im Einklang, nur sog. "marktbezogene" Gegenleistungen als beihilfeausschließend anzusehen (Theorien der "nicht marktgerechten Gegenleistung" oder der "marktrelevanten" oder "marktrelativen Günstigkeit").[55] Hiernach sollen nur solche Gegenleistungen begrifflich den Beihilfetatbestand ausschließen, die "marktgerecht" in dem Sinne sind, daß ihre Angemessenheit finanziell auf dem freien Markt anhand von ökonomischen Vergleichsdaten nachrechenbar ist. Eine solche Auffassung weitet das Merkmal der "Begünstigung" in Art. 92 EGV nicht überzeugend aus. Schon nach dem vernünftigen Wortsinn kann nicht als Beihilfe verstanden werden, was den Begünstigten überhaupt erst in den Stand versetzt, bestimmte Aufgaben zu erfüllen. Das gilt in besonderem Maße für auferlegte öffentliche Verpflichtungen, welche nur durch die Zuwendungen erfüllt werden können. Das hat der Gerichtshof am "Altöl-Fall" deutlich gemacht. Eine Beihilfe kann immer erst vorliegen, soweit eine "Überkompensation" durch die Zuwendungen in dem Sinne erfolgt, daß dem Empfänger nach Erfüllung der auferlegten öffentlichen Verpflichtung noch ein Vorteil verbleibt, der seine allgemeine Lage begünstigt. Entsprechend spricht die Kommission davon, daß erst Zuwendungen, welche die Erfüllung der öffentlichen Dienstverpflichtung "mehr als ausgleichen", eine Beihilfe darstellen.[56] Die verschiedenen "Markttheorien" entbehren der Überzeugungskraft und sind der Gemeinschaftspraxis daher zu Recht nicht zugrundegelegt worden.

b) Deutsche Rundfunkgebühren als angemessenes Entgelt für die öffentlichen Rundfunkleistungen

Betrachtet man die deutschen Rundfunkgebühren im Lichte der eben geschilderten Gemeinschaftspraxis, wird rasch sichtbar, daß von einer überkompensierenden "Begünstigung" der öffentlich-rechtlichen Rundfunkanstalten

---

[55] Insbesondere *Selmer/Gersdorf* (Anm. 2), S. 25 ff. mit *Müller-Graff*, Die Erscheinungsformen der Leistungssubventionstatbestände aus wirtschaftlicher Sicht, ZHR 152 (1988), S. 403 ff. (418) und *Geiger*, Komm. EGV, 2. Aufl. 1995, Art. 92, RdNr. 10.

[56] Arbeitsunterlage GD IV, 1995 (Anm. 4), S. 6.

durch die ihnen zufließenden Rundfunkgebühren nicht gesprochen werden kann. Nach der bereits oben erwähnten ständigen Rechtsprechung des Gerichtshofs sind Rundfunksendungen als Dienstleistungen im Sinne der Art. 59 f. EGV zu verstehen.[57] Solche Dienstleistungen werden gemäß Art. 60 EGV in der Regel "gegen Entgelt erbracht". Über die Art dieses Entgelts trifft der Vertrag keine näheren Festlegungen. In der Rechtsprechung ist daher gefolgert worden, daß es unterschiedliche Finanzierungsformen für Dienstleistungen geben kann, hier beim Rundfunk vor allem einerseits öffentlich-rechtliche Modalitäten und auf der anderen Seite die Werbefinanzierung, die bei den privaten Sendern im Vordergrund steht.[58] Nach dem deutschen System der Finanzierung des öffentlich-rechtlichen Rundfunks durch Rundfunkgebühren, die von den Rundfunkteilnehmern erhoben werden, stellen diese Gebühren im gemeinschaftsrechtlichen Sinne das Entgelt für die Dienstleistung im Sinne des Art. 60 EGV dar. Dieser Wesenscharakter der Rundfunkgebühren als finanzielle Leistung für die Dienste, welche der öffentliche Rundfunk als "Service public" dem Empfänger erbringt, bestätigt sich zugleich durch das bereits geschilderte Verständnis der Rundfunkgebühren im deutschen Recht.[59] Wenn in Deutschland die Rundfunkgebühr als eine Kombination aus Elementen der Anstaltungsnutzungsgebühr und eines Beitrags zu den Gesamtkosten der Veranstaltung Rundfunk verstanden wird, tritt bei beiden Komponenten der Charakter des Entgelts für die öffentlichen Rundfunkleistungen hervor. Eindeutig bestätigt sich dies durch die §§ 11, 12 RStV, wonach es Sinn und Grenze der Finanzausstattung des öffentlich-rechtlichen Rundfunks ist, ihm die Erfüllung seiner verfassungsmäßigen und gesetzlichen Aufgaben zu ermöglichen. Hierfür sind die Gebühren nach § 12 die vorrangige Finanzierungsquelle, in der heutigen deutschen Rundfunkpraxis in einer Größenordnung von 80 - 90 %. Der Entgeltcharakter der deutschen Rundfunkgebühren zur Finanzierung der Gesamtveranstaltung Rundfunk - und dabei besonders für die Aufgaben des öffentlich-rechtlichen Rundfunks - steht auf diese Weise nach Gemeinschafts- und deutschem Recht außer Frage.

---

[57] Oben Anm. 33, 34.

[58] Vgl. etwa EuGHE 1974, 409 (428) - RS 155/73, "Sacchi" und GA Warner im Fall Debauve (RS 52/79), EuGHE 1980, 860 ff. (876).

[59] Vgl. oben Teil 1, I, 2. Zu den Rundfunkgebühren als Dienstleistungsentgelt auch *Laursen*, Staatliche Kulturförderung in der EU, 1995, S. 101 m.w.N. (noch unveröff.) und Grausen-Report (Anm. 51), S. 4:"The broadcast receiving licence fee ... constitutes the basic form of funding a given public service activity".

Ein "begünstigender" Charakter der Rundfunkgebühren, der sie zu Beihilfen im Sinne des Art. 92 Abs. 1 EGV machen würde, kann daher nur in dem Falle und Umfang erörtert werden, in dem diese Gebühren in einer solchen Höhe erhoben würden, daß sie nicht mehr eine Gegenleistung für die öffentlichen Rundfunkdienste darstellten, sondern den Rundfunkanstalten zu einem "überkompensierenden" Teile zu einer lastenmindernden beliebigen Verwendung zur Verfügung gestellt würden.[60] Anders ausgedrückt, ist dies die Frage nach der "angemessenen" Höhe der Gebühren.

Von einer Höhe der deutschen Rundfunkgebühren, die einen "überkompensierenden" Bestandteil enthielte, kann aus verschiedenen Gründen nicht gesprochen werden. Schon nach den allgemeinen Grundsätzen des deutschen Gebührenrechts wäre dies nicht zulässig.[61] Gebühren für öffentliche Leistungen dürfen nicht in beliebiger Höhe erhoben werden. Sie müssen entweder nach dem Kostendeckungsprinzip möglichst genau den tatsächlichen Kosten dieser Leistungen entsprechen oder sie müssen in Fällen, in denen exakte Berechnungen schwierig sind, im Sinne des etwas flexibleren Äquivalenzprinzips jedenfalls nicht außer Verhältnis zum Wert dieser Leistungen stehen. In beiden Fällen ist also der Kompensationsgedanke maßgeblich. Es muß mindestens ein äquivalentes Verhältnis zwischen Gebühr und Leistung bestehen. Das ist, bei Lichte besehen, nichts anderes als die Forderung nach der Angemessenheit der Gebühr.

Von diesen Anforderungen geht auch § 11 RStV aus, wenn er das Prinzip der "funktionsgerechten Finanzausstattung" des öffentlich-rechtlichen Rundfunks aufstellt. Danach begrenzen die ihm übertragenen öffentlichen Aufgaben das zulässige Finanzvolumen des öffentlich-rechtlichen Rundfunks. Da die Gebühren nach § 12 RStV die vorrangige Finanzierungsquelle darstellen, gilt dies auch und gerade für sie. Da die vollständige Finanzausstattung des öffentlich-rechtlichen Rundfunks sich nicht nur aus Gebühren speist, sondern im Sinne einer "Mischfinanzierung" minoritär andere Finanzierungsarten kennt - insbesondere Werbeeinnahmen - ergibt sich hieraus eine zusätzliche Grenze gegen einen "überkompensierenden" Charakter der Rundfunkgebühren.

---

60 Auch eine Teilunentgeltlichkeit der Zuwendung kann insoweit den Beihilfecharakter begründen, EuGHE 1988, 219 ff. (280) - Verb.RSen 67, 68 u. 70/85; EuGHE 1990 I, 3083 ff. - RS C 169/84.

61 *F. Kirchhof*, Abgabenrecht, in: Achterberg/Püttner (Hrsg.), Besonderes Verwaltungsrecht, Bd. II, 1992, S. 314 ff.

In jüngerer Zeit ist gelegentlich in Äußerungen der Literatur ein "überkompensierender" und damit Beihilfe-Charakter der deutschen Rundfunkgebühren deshalb angenommen worden, weil im Sinne der bereits erwähnten "Markttheorien" massenattraktive Unterhaltungssendungen nicht zum öffentlichen Rundfunkauftrag gehörten und hierfür aufgewendete Gebührengelder per se nicht mehr den Charakter eines angemessenen Entgelts für eine öffentliche Rundfunkleistung besitzen könnten.[62] Diese Auffassungen beruhen jedoch auf einer zu engen Sicht des öffentlichen Rundfunkauftrags nach deutschem Verfassungs- und Rechtsverständnis. Wie bereits erwähnt, ist nach der Rechtsprechung des Bundesverfassungsgerichts die Rundfunkgebühr keine Gegenleistung für einzelne, bestimmte Sendungen, sondern für die Gesamtveranstaltung.[63] Hierbei steht vor allem der aus Art. 5 GG abgeleitete Grundversorgungsauftrag des öffentlich-rechtlichen Rundfunks im Vordergrund, dessen Programminhalte nicht nur meinungsvielfältige Information und künstlerische Veranstaltungen umfassen, sondern ebenso unterhaltende Elemente. Hinzu treten im Sinne der in § 11 RStV enthaltenen Bestands- und Entwicklungsgarantie technisch/übertragungsmäßige Aspekte dieses "klassischen Rundfunkauftrags", die bei der Finanzausstattung ebenfalls zu berücksichtigen sind, ferner die besonderen Aufgaben im Sinne von § 40 RStV.[64] Daher würde eine Begrenzung des Grundversorgungsauftrags des öffentlich-rechtlichen Rundfunks auf die informative, politische und künstlerische Seite unter Ausgrenzung der Unterhaltung der Verfassungs- und Gesetzeslage in Deutschland widersprechen. Auch die Aufwendungen für Unterhaltungssendungen stellen Leistungen der Anstalten im Rahmen des ihnen staatlich übertragenen Grundversorgungsauftrags dar.

Hierauf ist in Teil 3 dieser Untersuchung bei der Behandlung der "Kulturklausel" des Art. 92 Abs. 3 d) EGV noch einmal zurückzukommen.

Von einer nicht mehr angemessenen Höhe der deutschen Rundfunkgebühren, die eine mindestens teilweise "Begünstigung" im Sinne des Art. 92 Abs. 1 EGV darstellen würde, kann aber ebensowenig in einem tatsächlichen Sinne gesprochen werden. In der wettbewerblichen Lage der dualen Rundfunkordnung in Deutschland, die seit Mitte der achtziger Jahre besteht, befinden sich

---

62 So insbesondere *Selmer/Gersdorf* (Anm. 2), S. 24 ff.

63 Oben Anm. 7.

64 *Libertus*, Grundversorgungsauftrag und Funktionsgarantie, 1991, vgl. auch oben Teil 1, 3, c).

die öffentlich-rechtlichen Rundfunkanstalten in einer finanziell zunehmend schwierigeren Situation. Vor allem infolge der Abnahme der Werbeeinnahmen infolge der Konkurrenz mit dem privaten Rundfunk, aber auch wegen einer zögerlichen Praxis der Gebührenanhebung durch die deutschen Bundesländer, sehen sich praktisch alle Anstalten mit Defiziten konfrontiert, die bereits zu einschneidenden Sparmaßnahmen geführt haben.[65]

Dementsprechend ging es bei der Erhöhung der Rundfunkgebühren durch Gesetzesbeschlüsse der Länderparlamente ab 1997 ausschließlich um die Frage, in welcher Höhe eine solche Anhebung der Gebühren gerechtfertigt war. ARD und ZDF hatten in ihren offiziellen Anmeldungen bei der Kommission zur Ermittlung des Finanzbedarfs (KEF) für die Jahre 1997 bis 2000 eine Finanzlücke von ca. 6 Mrd. DM errechnet, d.h. ungefähr 1,5 Mrd. DM jährlich (ARD) beziehungsweise beim ZDF für dieselbe Zeitperiode ca. 3,7 Mrd. DM oder gut 900 Mio. DM jährlich.[66] In § 8 RFinStV 1996 wurde zur Deckung dieses Finanzbedarfs eine Rundfunk-Gesamtgebühr (Grundgebühr und Fernsehgebühr von DM 28,25 monatlich) festgesetzt. Dabei war der leitende Gesichtspunkt bei diesen verschiedenen Berechnungen, festzustellen, welche Erhöhung zur finanziellen Abgeltung der unstreitigen Aufgaben des öffentlich-rechtlichen Rundfunks und unter Einbeziehung vertretbaren Sparpotentials bei den Anstalten und sozialer Gesichtspunkte mindestens zwingend notwendig war. Daß eine Erhöhung nach mehrjährig gleichgebliebenen Gebühren und gleichzeitig gestiegenen Kosten unvermeidlich ist, stand zwischen den beteiligten Instanzen fest. Fraglich war nur das Ausmaß der Erhöhung.[67]

---

[65] Die ARD errechnete 1992-96 für ihre Anstalten ein Defizit von ca. 1,9 Mrd. DM allein aus Werberückgängen und eine Finanzlücke bis Ende 1996 von insgesamt 3,5 Mrd. DM, vgl. Jahrbuch ARD 1995, S. 197; beim ZDF ergab sich ein entsprechender Werberückgang von 1,7 Mrd. DM (Finanzierung nur noch ungefähr 20% statt früher 40% aus Werbung) und ein ungedeckter Fehlbetrag im Betriebshaushalt von prognostizierten 316 Mio. DM bis Ende 1996, vgl. die Zahlen in 'Kirche und Rundfunk' Nr. 33 u. 86 v. 29.04. und 01.11.1995. - Diese Defizite ergaben sich ungeachtet von Einsparungen bei der ARD in Höhe von ca. 3,5 Mrd. DM 1992-96 und von ca. 1,8 Mrd. DM beim ZDF 1992-96, vgl. 'Kirche und Rundfunk', aaO.

[66] Die Zahlen in 'Kirche und Rundfunk' Nr. 86 v. 01.11.1995.

[67] In dem 10. KEF-Bericht 1996 hatte die unabhängige Kommission die in FN 65 genannten Anmeldungen von ARD und ZDF nur teilweise anerkannt. Statt einer monatlichen Erhöhung von DM 6.05, die von den Anstalten angemeldet wurde, schlug die KEF den Bundesländern lediglich eine Gebührenerhöhung von DM 4.45 monatlich bis zum Jahre 2000 vor, verbunden mit verschiedenen Zweckbindungen für das Programm. Der Ablauf des Verfahrens zeigte den gesteigerten Begründungszwang,

Unter diesen Umständen schließt sich jeder Gedanke aus, die deutschen Rundfunkgebühren könnten einen "überkompensierenden" Anteil enthalten, der dem öffentlich-rechtlichen Rundfunk über das angemessene Entgelt für die Erfüllung seiner Aufgaben gewissermaßen "zur freien Verfügung" gestellt würde. In der Wirklichkeit besteht vielmehr eine "Unterkompensation", die durch die anstehende Gebührenerhöhung wenigstens ungefähr ausgeglichen werden soll.

Schließlich ist noch darauf hinzuweisen, daß es angesichts des großen und komplexen Finanzvolumens, um welches es beim Finanzbedarf des öffentlich-rechtlichen Rundfunks geht, immer wieder schwierig ist, bis in die letzte Einzelheit vorherzusehen, welche genauen Kosten die Erfüllung des öffentlichen Rundfunkauftrages für die deutschen Rundfunkanstalten mit sich bringt.[68] Um so wichtiger ist es im Interesse der Wahrung der tragenden Grundsätze der Gebührenerhebung nach deutschem Recht, daß ein System der Gebührenfestsetzung besteht, welches nach objektiven Kriterien die funktionsgerechte Finanzausstattung des Rundfunks sicherstellt und sie gleichzeitig in diesem Sinne begrenzt. Die Grundlinien eines solches Systems hat das Bundesverfassungsgericht in seinem Urteil vom 22.02.1994 in einer gewissen Abwandlung des früheren Verfahrens verfassungskräftig umrissen.[69] Das neue System ist inzwischen in den §§ 1-7 RFinStV 1996 verbindlich festgelegt worden. Es sieht zweijährige Anmeldungen des Finanzbedarfs des öffentlichen Rundfunks bei der unabhängigen KEF-Kommission vor. Diese prüft und ermittelt diesen Finanzbedarf unter dem Gesichtspunkt, daß er sich im Rahmen des öffentlichen Rundfunkauftrages hält. Die KEF macht den Bundesländern zu gegebener Zeit einen Gebührenvorschlag, der Grundlage der Entscheidungen der Landesparlamente ist. Abweichungen hiervon sind besonders zu begründen.

Unter dem hier interessierenden Aspekt ist darauf hinzuweisen, daß leitender Gesichtspunkt dieses vom Bundesverfassungsgericht vorskizzierten Verfahrens kein anderer ist, als eine angemessene Gebührenhöhe zu bestimmen. Dem dient auf der einen Seite der Grundsatz, daß die auf den autonomen Programmentscheidungen basierenden Bedarfsanmeldungen der Rundfunkanstal-

---

unter dem der deutsche öffentlich-rechtliche Rundfunk gemäß den Grundsätzen des Urteils BVerfGE 90, 60 ff. bei Gebührenfestsetzungen steht.

[68] So etwa auch *v. Wallenberg*, Die Vereinbarkeit der staatlichen Finanzierung öffentlich-rechtlicher Fernsehanstalten mit Art. 92 EGV, GS Grabitz, 1995, S. 867 ff.

[69] BVerfGE 90, 60 ff.

ten die Grundlage der Bedarfsermittlung darstellen. Dieser erste Ansatz ergibt sich verfassungsrechtlich aus der Programmfreiheit des öffentlich-rechtlichen Rundfunks im Rahmen seines Grundversorgungsauftrags. Diese Programmfreiheit ist das Kernstück der in Art. 5 GG gewährleisteten Rundfunkfreiheit. Auf der anderen Seite ist eine fachliche Kontrolle dieser Anmeldungen durch die unabhängige KEF-Kommission vorgesehen. Diese Kontrolle dient dazu, festzustellen, ob sich die Bedarfsanmeldungen der Anstalten tatsächlich innerhalb des Grundversorgungsauftrags halten und daß die haushaltsrechtlichen Prinzipien der Wirtschaftlichkeit und Sparsamkeit eingehalten sind. Letztlich bedarf es noch der abschließenden Gesetzesentscheidung der Parlamente der deutschen Bundesländer. Auch wenn sich ein gewisser Streit über die Einhaltung teilweise gegensätzlicher Prinzipien niemals vermeiden läßt und die funktionsgerechten Finanzbedürfnisse des öffentlich-rechtlichen Rundfunks sich nicht bis auf die letzte D-Mark exakt vorausplanen lassen, stellt das vom Bundesverfassungsgericht geforderte und in §§ 1 ff. RFinStV 1996 verwirklichte System mit einem hohen Grad an Verläßlichkeit sicher, daß die Höhe der Gebühren sich am öffentlichen Auftrag des Rundfunks orientiert. Es werden auf diese Weise, mit anderen Worten, angemessene Gebühren erhoben, ohne daß ein überkompensatorischer Effekt eintritt. Ein solcher wäre bereits nach den Grundsätzen des deutschen Gebührenrechts unzulässig. Die Europäische Kommission hat ihrerseits unter den Gesichtspunkten des Art. 92 Abs. 1 EGV diese Schwierigkeiten der genauen Quantifizierung aller Kosten betont, welche die Erfüllung der öffentlichen Rundfunkaufgaben mit sich bringen. Nach ganz ähnlichen Maßstäben, wie sie für das Äquivalenzprinzip im deutschen Gebührenrecht gelten, ist sie der Auffassung, daß ein Beihilfecharakter solcher Gebühren "nur in extremen Fällen" gegeben sein könnte, in denen die öffentliche Finanzierung "eindeutig in keinem Verhältnis zu den zusätzlichen Kosten steht".[70]

---

[70] Arbeitsunterlage GD IV, 1995 (Anm. 4), S. 6 f. Von "zusätzlichen" Kosten ist hier offenbar die Rede, weil dieses Papier sich auf die verschiedenen öffentlichen Rundfunkfinanzierungssysteme in den Mitgliedstaaten bezieht, bei denen z.T. zwischen öffentlichen und sonstigen Aufgaben staatlicher Rundfunksender getrennt werden kann. In Deutschland begrenzt dagegen § 11 RStV die Finanzierung des öffentlich-rechtlichen Rundfunks ausschließlich auf verfassungsmäßige und gesetzliche Aufgaben (insbesondere Grundversorgungsauftrag), sodaß dem deutschen öffentlich-rechtlichen Rundfunk Gebühren ausschließlich für "öffentliche Dienstverpflichtungen" zufließen dürfen. Dies sieht auch die "Antwort Delors 1994" (Anm. 53), die eine Beihilfe verneint, "wenn sie eine Vergütung von Dienstleistungen darstellt, die der Empfänger im Auftrag der öffentlichen Hand verrichtet" und in diesem Zusammenhang auf die Aufgabe umfassender Grundversorgung verweist.

Im Ergebnis bleibt nach alledem festzuhalten, daß durch die Zahlung von öffentlichen Rundfunkgebühren durch deutsche Rundfunkteilnehmer an die Landesrundfunkanstalten und mittelbar an das ZDF keine "Begünstigung" dieser Anstalten im Sinne von Art. 92 Abs. 1 EGV eintritt. Diese Gebühren sind lediglich ein angemessenes Entgelt für die öffentlichen Rundfunkdienste, welche die Anstalten den Rundfunkteilnehmern darbieten. Daher fehlt es bei diesen Gebühren bereits an einem wesentlichen Element des Beihilfebegriffs im Sinne von Art. 92 Abs. 1 EGV. Die Anwendbarkeit des EG-Beihilfenrechts entfällt bereits aus diesen Gründen.

Aber auch weitere Gründe, auf die im folgenden hilfsweise einzugehen ist, stützen dieses Ergebnis.

c) Erhebung der deutschen Rundfunkgebühren - Freiwillige Disposition des Gesetzgebers oder Erfülllung einer Verfassungsverpflichtung?

Eine Beihilfe im Sinne des Art. 92 EGV setzt voraus, daß sie von staatlicher Seite freiwillig gewährt worden ist. Zwar kann der Staat, was häufig geschieht, Beihilfetatbestände durch gesetzgeberische Entscheidungen begründen, aus denen dann Ansprüche der Beihilfeempfänger erwachsen. Immer wird aber vorausgesetzt, daß die staatlichen Stellen grundsätzlich über eine Dispositionsbefugnis verfügen, ob sie die Beihilfe begründen und gewähren wollen oder nicht. Ist der Staat aus übergeordneten, insbesondere verfassungsrechtlichen Verpflichtungen gehalten, bestimmte Finanzierungen zu ermöglichen oder selbst durchzuführen, kann von einem subventionierenden Charakter derartiger Maßnahmen nicht gesprochen werden.[71]

Eine solche Lage ist bei den deutschen Rundfunkgebühren gegeben. Nach dem Verfassungsrecht der Bundesrepublik (Art. 5 GG), das von Art. 10 EMRK i.V.m. Art. F Abs. 2 EUV gemeinschaftsrechtlich bestätigt wird, ist die Unabhängigkeit des öffentlich-rechtlich organisierten Rundfunks vom Einfluß des Staates ein konstituierendes Element der deutschen Rundfunkordnung ("Staatsferne" des öffentlich-rechtlichen Rundfunks). Das Bundesverfassungs-

---

[71] So hat der Gerichtshof den Beihilfecharakter der staatlichen Erstattung von Beiträgen verneint, die zu Unrecht erhoben worden waren, EuGHE 1980, 1205 ff. (128), RS 61/79, "Denkavit", st. Rspr.; vgl. auch *v. Wallenberg* (Anm. 68), Art. 92, RdNr. 8.

gericht hat die besondere Bedeutung der Rundfunkfreiheit im Interesse der pluralen Demokratie in seinen mittlerweile acht grundlegenden Entscheidungen immer wieder betont.[72] In dem letzten Urteil vom 22.02.1994 hat es erneut klargestellt, daß auch und gerade die Art der Finanzierung des öffentlich-rechtlichen Rundfunks ihn wirksam vor politischer Einflußnahme auf das Programm mittels Entscheidungen über die Finanzausstattung schützen muß. Daher sei "die dem öffentlich-rechtlichen Rundfunk gemäße Art der Finanzierung" die Gebührenfinanzierung.[73] Sie erlaube es ihm, unabhängig von Einschaltquoten und Werbeaufträgen ein Programm anzubieten, das den verfassungsrechtlichen Anforderungen gegenständlicher und meinungsmäßiger Vielfalt entspricht.

Aus dieser Verfassungslage heraus bestand und besteht für den deutschen Gesetzgeber (genauer: für die deutschen Bundesländer bei der Regelung in den Rundfunkstaatsverträgen) grundsätzlich keine Freiheit in der Frage des Ob und Wie der öffentlichen Rundfunkfinanzierung. Die Existenz eines öffentlich-rechtlichen Rundfunks ist um der meinungsvielfältigen Grundversorgung willen, aber auch als Voraussetzung eines in seiner Programmgestaltung "freieren" Privatfunks in Deutschland verfassungsmäßig geboten. Um der ebenso erforderlichen "Staatsferne" des öffentlich-rechtlichen Rundfunks willen bedarf es eines Finanzierungssystems, das seine Unabhängigkeit gegenüber dem Staat gewährleistet. Dieses vom Bundesverfassungsgericht umrissene System beruht auf der Erhebung von Rundfunkgebühren als Kernbestandteil. Unter den Gesichtspunkten des Beihilfebegriffs im Sinne von Art. 92 EGV fehlt es daher an einer Freiheit der staatlichen Disposition bei der Begründung dieser Finanzierungsquelle. Auch aus diesem Grunde wird man hier nicht von einer Beihilfe im gemeinschaftsrechtlichen Sinne sprechen können.

Gegen diese Schlußfolgerungen wäre nur noch der Einwand möglich, daß es den Mitgliedstaaten nicht erlaubt sein kann, durch gezielte Ausgestaltung ihres nationalen Rechts die Geltung des EG-Beihilfenregimes zu beeinflus-

---

[72] Diese Rechtsprechung begann bereits 1961 mit BVerfGE 12, 205 ff. und setzte sich bisher in sieben weiteren Entscheidungen (insbesondere BVerfGE 73, 118 ff.) bis zu der Finanzierungsentscheidung BVerfGE 90, 60 ff. fort. Zusammenfassend etwa *Herrmann* (Anm. 5), S. 158 ff. m.w.N.

[73] BVerfGE 90, 60 ff. (90); *Oppermann/Kilian* (Anm. 11), S. 105 ff. - § 12 RStV ist die einfachgesetzliche Konsequenz dieser Verfassungslage.Auch die nach § 12 zulässigen geringen Werbeeinnachmen der Anstalten ("Mischfinanzierung") unterstützen die "Staatsferne".

sen.[74] Auch wenn man dieses Bedenken in einem grundsätzlichen Sinne anerkennt, kann man hier von einer derart mißbräuchlichen Gestaltung des deutschen Rechts mit Blick auf die Art. 92 ff. EGV ohne jeden Zweifel nicht sprechen. Es wurde bereits gezeigt, daß die Grundsätze der Finanzierung des deutschen öffentlich-rechtlichen Rundfunks, wie sie in der Verfassung und im Rundfunkstaatsvertrag niedergelegt sind, eine jahrzehntelange Verfassungsrechtsprechung widerspiegeln, deren Ziel die Wahrung der Rundfunkfreiheit im Interesse einer meinungsvielfältigen Demokratie ist. Solche Zielsetzungen behalten ihre Gültigkeit auch im Verhältnis zu dem wettbewerbliche Motive verfolgenden Beihilferecht der EG. Die Wahrung der Rundfunkfreiheit durch einen staatsfern organisierten und finanzierten öffentlich-rechtlichen Rundfunk stellt einen wesentlichen Bestandteil der politischen und verfassungsmäßigen Ordnung Deutschlands dar und gehört in diesem Sinne zur nationalen Identität eines Mitgliedstaates, den die Europäische Union und Gemeinschaft gemäß Art. F Abs. 1-2 EUV i.V. m. Art. 10 EMRK achtet. Ebenso bleibt in diesen Zusammenhängen zu beachten, daß audiovisuelle Rundfunktätigkeit zugleich Bestandteil der Kultur eines Mitgliedstaates ist. Wenngleich der Gemeinschaft hier durch Art. 128 EGV eine bestimmte Mitwirkung übertragen worden ist, läßt Art. 128 erkennen ("Kulturen der Mitgliedstaaten"), daß gerade der Kultursektor als einer jener Bereiche angesehen wird, in dem sich die nationale Identität des Mitgliedstaates in besonderer Weise spiegelt.[75] Es wäre daher mehr als fernliegend, in der Art und Weise der öffentlichen Rundfunkfinanzierung in Deutschland eine gezielte Umgehung des EG-Beihilfenregimes erblicken zu wollen. Die verfassungsrechtliche Verpflichtung zugunsten staatsferner Finanzierungsmodalitäten mit einer Gebührenregelung als Kernstück schränkt vielmehr die Dispositionsmöglichkeit des Gesetzgebers so weit ein, daß, gemeinschaftsrechtlich gesehen, die Freiwilligkeit seines Handelns und damit der Beihilfecharakter der Gebührenerhebung nicht gegeben ist.

2. Gewährung der Rundfunkgebühren aus staatlichen Mitteln?

Nach Art. 92 EGV fallen nur "staatliche oder aus staatlichen Mitteln gewährte Beihilfen" unter das EG-Beihilfenregime. Wenngleich der Beihilfen-

---

[74] Aus diesem Grunde möchten *Selmer/Gersdorf* (Anm. 2), S. 28 f., die Verfassungsverpflichtungen hier ausklammern.

[75] *Eberle*, Das europäische Recht und die Medien am Beispiel des Rundfunkrechts, AfP 1993, S. 422 ff.; *Fechner* (Anm. 32), RdNr. 21. - Näher hierzu unten in Teil 3.

charakter deutscher Rundfunkgebühren bereits mangels begünstigender Wirkung und auch infolge der nicht freiwilligen Einrichtung des Erhebungssystems tatbestandlich nicht gegeben ist, bleibt weiter zu fragen, ob die Gebührenmittel staatlicher Herkunft im Sinne des Art. 92 sind.

Auf den ersten Blick scheint dies schon nach dem Wortlaut der Norm nicht der Fall zu sein. Die Rundfunkgebühr wird vom Teilnehmer an die von den öffentlich-rechtlichen Rundfunkanstalten eingerichtete Gebühreneinzugszentrale (GEZ) entrichtet und von dort nach dem festgelegten Schlüssel unter den Anstalten verteilt.[76] Von der Herkunft der Mittel her gesehen, ergibt sich auf diese Weise weder eine unmittelbare Belastung des staatlichen Haushalts ("staatliche Beihilfen") noch eine solche, bei der auf indirektem Wege über die Einschaltung einer öffentlichen oder privaten Einrichtung staatliche Mittel an die Rundfunkanstalten flössen ("aus staatlichen Mitteln gewährt"). Die deutschen Rundfunkgebühren sind eine "Bürgerabgabe", bei der das Geld unmittelbar aus der Tasche des Teilnehmers dem Rundfunk zur Verfügung gestellt wird.

Hinzu kommt, daß die Art der Gebührenerhebung insbesondere nach den Grundsätzen des Urteils des Bundesverfassungsgerichts vom 22.02.1994 betont "staatsfern" ausgestaltet und dem Rundfunk beziehungsweise einer unabhängigen Kommission primär anvertraut worden ist.[77] Es gibt daher Stimmen, die angesichts dieses Sachverhalts einer nur am Rande staatlicher Einflußnahme unterliegenden Gebührenfestsetzung die von Art. 92 EGV geforderte staatliche Zurechenbarkeit der Mittelerhebung verneinen.[78]

Allerdings verbleibt die Frage, inwieweit sich aus dem Einsatz staatlicher Rechtssetzungsbefugnis und -gewalt, die der Rundfunkgebührenerhebung zugrundeliegt, letztlich doch eine solche Zurechenbarkeit ergibt. Rundfunkgebühren können nur erhoben und nötigenfalls zwangsweise eingezogen werden, weil in § 12 RStV - in Verbindung mit dem Rundfunkgebührenstaatsvertrag, dem Rundfunkfinanzierungsstaatsvertrag und der gesetzlichen Durchführung dieser Verträge in den Bundesländern und bei den Anstalten - die rechtlichen Grundlagen hierfür geschaffen worden sind. In der Frage, inwieweit eine sol-

[76] Vgl. oben Teil 1, I, 1 und eingehend *Herrmann* (Anm. 5), S. 703 ff. m.w.N.

[77] BVerfGE 90, 60 ff. und oben Anm. 65-67.

[78] *Eberle* (Anm. 75) und *Hoffmann-Riem*, Öffentliches Wirtschaftsrecht der Kommunikation und der Medien, in: R. Schmidt (Hrsg.), Öffentliches Wirtschaftsrecht, Besonderer Teil 1, 1995, S. 601 f.

che Anwendung staatlicher Hoheitsgewalt für sich alleine ausreicht, die Gebührenerhebung als staatlich oder aus staatlichen Mitteln im Sinne des Art. 92 EGV anzusehen, hat die Gemeinschaftspraxis einen weiten, allerdings nicht immer in sich logisch stringent geschlossenen Standpunkt eingenommen.[79]

Dabei wird meist auf den weit gesehenen Begriff "aus staatlichen Mitteln" abgestellt, in dem die Wendung "staatliche Abgaben" mehr oder weniger aufgeht. So werden in der Rechtsprechung des Gerichtshofs auch solche Finanzmittel als "staatlich" angesehen, die nicht vom Staat auf seinen verschiedenen Ebenen (in Deutschland Bund/Länder/Gemeinden) gewährt werden, sondern die auf Zwangsbeiträgen oder zweckgebundenen Abgaben sonstiger öffentlicher Einrichtungen beruhen, wobei der Verteilungsprozeß staatlich reglementiert ist.[80] Der hinter dieser weiten Auslegung stehende Gedanke ist offenbar, daß auch auf diese Weise zwangsweise gesteuerte öffentliche Abgaben geeignet sein können, innergemeinschaftliche Wettbewerbsverfälschungen zu verursachen.

Jedoch ist die EuGH-Rechtsprechung andererseits bestrebt, den Anwendungsbereich des Art. 92 EGV nicht grenzenlos auszuweiten. So sind die staatliche Festsetzung von Mindestpreisen, aus einem öffentlichen Fonds gespeiste Arbeitslosenversicherungsbeiträge, die für die Ermäßigung von Sozialabgaben eingesetzt wurden oder Maßnahmen zur Verteilung eines Gemeinschaftszollkontingents mangels "Staatlichkeit" von Art. 92 ausgenommen worden. Gleiches gilt für Fördermaßnahmen von privater Seite (Leistungen von Unternehmen, Vereinen, Stiftungen, Einzelpersonen u.ä.).[81]

Auch bei der Art und Weise der Erhebung der deutschen Rundfunkgebühren ergeben sich verschiedene Aspekte, die es zumindest fraglich erscheinen lassen, ob es hier im Sinne der oben genannten teleologischen Auslegung des Art. 92 EGV - entgegen dem natürlichen Wortlaut der Norm - sinnvoll und

---

[79] Überblicke der EuGH-Rechtsprechung, auch zum folgenden bei *Wenig*, in: Groeben/Thiesing/Ehlermann, Komm. EWGV, 4. Aufl. 1991, Art. 92 RdNr. 8 ff.; *v. Wallenberg* (Anm. 54), Art. 92, RdNr. 17 f. oder *Rawlinson* (Anm. 45), Art. 92 RdNr. 5 ff.

[80] EuGHE 1982, 3583 ff. - RS 213-215/81; EuGHE 1987, 4013 ff.; RS 248/84 st. Rspr.

[81] EuGHE 1978, 25 ff. - RS 82/77 "Van Tiggele"; EuGHE 1974, 709 ff. - RS 173/73; EuGHE 1982, 3583 ff. - RS 213 u. 215/81. - Zum Ausschluß privater Förderung etwa EuGHE 1983, 4083 ff. - RS 222/82, und *Wenig* (Anm. 79), Art. 92, RdNr. 9.

geboten ist, von "staatlichen Mitteln" zu sprechen.[82] Jenes weite Verständnis der "Staatlichkeit" hat verständlicherweise vor allem vor Augen, die sog. parafiskalischen Abgaben (wie z.B. den früheren deutschen Kohlepfennig) in die Beihilfekontrolle einzubeziehen. Dies sind Sonderabgaben zur Finanzierung spezieller öffentlicher Aufgaben durch Sonderfonds, die von einem Kreis von Abgabepflichtigen erhoben werden, die durch ein spezifisches gemeinsames Interesse zusammengehalten und so von der Allgemeinheit abgegrenzt werden.[83] Die deutsche Rundfunkgebühr ist jedoch von allen Rundfunkteilnehmern aufgrund des Bereithaltens eines Empfangsgerätes zu zahlen, unabhängig davon, wie weit sie die Programme der öffentlich-rechtlichen Anstalten in Anspruch nehmen. Man kann daher durchaus bezweifeln, ob hier eine homogene "Gruppe" im Sinne der parafiskalischen Abgabe vorliegt. Der Beitrag zur Erfüllung des Grundversorgungsauftrags der Rundfunkanstalten, den alle gebührenzahlenden Rundfunkteilnehmer leisten, erscheint zur Annahme eines spezifischen Gruppennutzens viel zu unbestimmt. Ferner dürfte es bei den Rundfunkgebühren an der für Art. 92 EGV besonders bedeutsamen "parafiskalischen Umverteilung" fehlen.[84] Die parafiskalischen Abgaben sollen den staatlichen Haushalt entlasten und können deshalb in einem weiteren Sinne staatlichen Mitteln gleichgestellt werden.[85] Ein solcher Umverteilungseffekt ist aber gemäß den tragenden Grundsätzen der deutschen Rundfunkfinanzierung nicht gegeben. Er würde voraussetzen, daß die Möglichkeit bestünde, anstelle der Gebührenfinanzierung auf eine unmittelbare Rundfunkfinanzierung über den öffentlichen Haushalt umzuwechseln. Dies ist jedoch aus den bereits mehrfach erwähnten verfassungsrechtlichen Vorgaben nicht möglich. Infolge der durch Art. 5 GG gebotenen Unabhängigkeit und Staatsferne des öffentlich-rechtlichen Rundfunks wäre eine ersatzweise Finanzierung aus Mitteln des Staatshaushaltes ausgeschlossen. Gleiches würde auch für die einzige sonst realistisch denkbare Alternative gelten, nämlich eine vollständige Werbefinan-

---

[82] Für *Engel* (Anm. 23), S. 243 ff. und *Selmer/Gersdorf* (Anm. 2), S. 29 ff., reicht - ohne Berücksichtigung der o.g. Erwägungen - der staatliche Zwang zur Gebührenerhebung aus, um die Herkunft aus staatlichen Mitteln zu bejahen.

[83] Dazu schon Kommissionsantwort auf die schriftliche Anfrage im EP, Nr. 48, ABl. 1963, 2253, später etwa E v. 30.03.1989, ABl. L 116 (Kohlepfennig) und EuGHE 1992, T-3899 - RS-C 142/91 st. Rspr. - Vgl. auch *Rawlinson* (Anm. 45), Art. 92 Rd-Nr. 6.

[84] Vgl. BVerfGE 67, 256 (277) oder E 82, 159 ff. Die Umverteilung verneint auch *Eberle* (Anm. 2), S. 25.

[85] Zu diesem Merkmal EuGHE 1974, 709 ff. (714 f.) - RS 173/73.

zierung des öffentlich-rechtlichen Rundfunks. Abgesehen von wettbewerblichen Aspekten im Verhältnis zum privaten Rundfunksektor würde ein solcher Wechsel daran scheitern, daß infolge der bei der Werbefinanzierung gegebenen ökonomischen Abhängigkeiten und Zwangsläufigkeiten die verfassungsrechtlich gebotene Grundversorgung in Breite und Qualität finanziell nicht darstellbar wäre. Mangels Umverteilungseffekts entfällt bei den Rundfunkgebühren daher der zentrale Aspekt, welcher in der Gemeinschaftspraxis zur Einbeziehung der parafiskalischen Abgaben in den Anwendungsbereich des Art. 92 EGV geführt hat.

Auf der anderen Seite rückt das nach der Verfassungsrechtsprechung seit 1994 in besonderer Schärfe vorgeschriebene "staatsferne" Modell der Rundfunkgebührenerhebung diese Abgaben in die Nähe privater Leistungen, die nach feststehender europäischer Rechtsprechung nicht mehr als staatliche Mittel angesehen werden.[86] Bis auf den grundsätzlichen Einsatz der staatlichen Hoheitsgewalt zur Begründung und Effektuierung des Systems sind die Möglichkeiten für die staatliche Seite, Einfluß zu nehmen, soweit zurückgenommen worden, daß ein wettbewerbsrelevantes Agieren des Staates in diesem Zusammenhang nicht mehr vorstellbar erscheint. Die deutsche Rundfunkgebühr stellt sich auf diese Weise tatsächlich als eine Art "Bürgerabgabe" dar, mit welcher der Rundfunkteilnehmer einen durch die Aufgabe des Rundfunks bestimmten und begrenzten Beitrag zur politisch-gesellschaftlichen Kultur des Gemeinwesens leistet. Das ist eine Konstellation, die sich deutlich von den bisher in der Rechtsprechung des Gerichtshofs entschiedenen Fällen unterscheidet, in denen aus wettbewerbsrelevanten Gründen das Merkmal der "Staatlichkeit" der gewährten Mittel teleologisch weit verstanden wurde.[87] Überblickt man die erwähnten Ausnahmen, die in der europäischen Rechtsprechung in diesem Zusammenhang bereits gemacht wurden, erscheint es zumindest offen, ob es nicht auch hier der Ratio des EG-Beihilfenrechts eher entspräche, den staatlichen Charakter der Rundfunkgebührenmittel zu verneinen. Eine solche Auslegung läge jedenfalls ganz auf der Linie des natürlichen Wortlauts des Art. 92 Abs. 1 EGV.

---

[86] Oben Anm. 81; ebenso *Eberle*, Aktivitäten der EU auf dem Gebiete der Medien und ihre Auswirkungen auf den öffentlich-rechtlichen Rundfunk, ZUM 1995, S. 763 ff. (767).

[87] Oben Anm. 79, 80.

3. Öffentlich-rechtliche Rundfunkanstalten: "Bestimmte Unternehmen" im Sinne des Art. 92 Abs. 1 EGV?

Bei der Prüfung der Frage, ob die Zahlung der Rundfunkgebühren an die deutschen Rundfunkanstalten eine "Begünstigung" im Sinne des Art. 92 Abs. 1 EGV darstellt,[88] wurde zunächst unterstellt, daß die Anstalten als Unternehmen im Sinne dieser Vorschrift anzusehen sind, denen die Begünstigung zugute kommt. Diese Frage ist nunmehr zu untersuchen.

Zuwendungen müssen nach Art. 92 Abs. 1 EGV "bestimmten Unternehmen oder Produktionszweigen" zufließen, wenn das EG-Beihilfenrecht anwendbar sein soll. Daß die Rundfunkanstalten - auch in ihrer Gesamtheit - nicht einen "Produktionszweig" darstellen, worunter umfassende Wirtschaftszweige verstanden werden, ist offensichtlich.[89]

Auf der anderen Seite steht nach gefestigter Gemeinschaftspraxis seit langem fest, daß die Rundfunkanstalten als Unternehmen im Sinne der gemeinschaftsrechtlichen Wettbewerbsvorschriften zu verstehen sind. Der Unternehmensbegriff wird in Art. 92 ähnlich wie bei Art. 85 f. EGV in einem weiten, funktionalen Sinne als jede wirtschaftliche Einheit verstanden, d.h. als eine einheitliche, einem selbständigen Rechtssubjekt zugeordnete Zusammenfassung personeller, materieller und immaterieller Faktoren, mit denen auf Dauer bestimmte wirtschaftliche Zwecke verfolgt werden.[90]

Schon seit der ersten grundlegenden Rundfunkrechtssache "Sacchi" und in nachfolgenden Entscheidungen hat der Gerichtshof - entgegen damaligen Auffassungen in den Mitgliedstaaten - die Rundfunkanstalten, soweit die Erfüllung ihrer Aufgabe Tätigkeiten wirtschaftlicher Art mit sich bringt, als öffentliche Unternehmen im Sinne des Art. 90 Abs. 1 EGV angesehen.[91] Damit unterfallen sie auch dem gleichbedeutenden Unternehmensbegriff des Art. 92

---

[88] Oben Teil 2, II, 1.

[89] *Wenig* (Anm. 79), Art. 92 RdNr. 15, unter Verweis auf die Wettbewerbsberichte der Kommission.

[90] EuGHE 1962, 717 ff. (750) - RS 19/61 "Mannesmann" (zum vergleichbaren Art. 80 EGKSV); EuGHE 1991, I-1979 ff. (2016), RS C 41/90 "Höfner u. Elser/ Macroton".

[91] EuGHE 1974, 409 ff. (420) - RS 155/73, "Sacchi" st. Rspr., vgl. etwa später EuGHE 1991, I-2925 ff. (2957), RS - C 260/89 "ERT". Nähere Darstellung bei *Selmer/Gersdorf* (Anm. 2), S. 36 ff. oder *Jungbluth*, Das Niederlassungsrecht der Rundfunkveranstalter in der EG, 1992, S. 56.

Abs. 1 EGV. Auch wenn sich Rundfunktätigkeit nicht in wirtschaftlichen Aspekten erschöpft, die zentrale Programmtätigkeit vielmehr geistig-kultureller Art ist, lassen sich die wirtschaftlichen Aspekte des Rundfunks nicht übersehen. Dies gilt etwa für das Auftreten auf den Programmbeschaffungs- und Programmverwertungsmärkten sowie im Rahmen der Mischfinanzierung partiell auch für die Betätigung im Werbemarkt. Der öffentlich-rechtliche Rundfunk ist zwar nicht mit Gewinnerzielungsabsicht tätig, steht aber bei seiner erwerbswirtschaftlichen Betätigung im Wettbewerb mit dem privaten Rundfunksektor. Für den Unternehmensbegriff der Art. 85 ff., 90 ff. EGV ist das ausreichend. Auch als öffentliche Unternehmen fallen sie gemäß Art. 90 Abs. 1 EGV grundsätzlich unter das EG-Beihilfenrecht, soweit sich nicht über Art. 90 Abs. 2 EGV Eingrenzungen ergeben sollten.[92]

Allerdings bezieht sich die Beihilferegelung des Art. 92 Abs. 1 EGV ausdrücklich nur auf Zuwendungen zugunsten "bestimmter" Unternehmen (sog. Selektivität). Nur individualisierbare Empfänger unterfallen den Beihilferegelungen. Sinn dieser Begrenzung ist, allgemeine Maßnahmen der Konjunktur- oder sonstigen Wirtschaftspolitik (z.B. bestimmte Steuersenkungen oder Abschreibungsregelungen) vom Beihilfenregime auszunehmen.[93] Bei der deutschen Rundfunkgebührenregelung auf der Grundlage der drei Rundfunkstaatsverträge und ihrer Folgeregelungen ist eine solche Individualisierbarkeit gegeben. Die Gebühren fließen nach § 7 RGebStV bestimmten Rundfunkanstalten und sonstigen Stellen zu. Auch soweit sie in einer Gesamtbetrachtung darüber hinaus als Beitrag zur Finanzierung der Einrichtung Öffentlich-rechtlicher Rundfunk angesehen werden können, wären sie als Finanzierung eines bestimmten Unternehmenszweiges als eine Art. 92 EGV unterfallende sektorielle Zuwendung zu verstehen. Der Ausschluß privater Rundfunkveranstalter vom Gebührenaufkommen (§ 43 RStV) ist ein weiteres selektierendes Element.

Auch wenn die deutschen Rundfunkanstalten im Sinne der ständigen Rechtsprechung des Gerichtshofs daher als "bestimmte (öffentliche) Unternehmen" im Sinne des Art. 92 Abs. 1 in Verbindung mit Art. 90 Abs. 1 EGV anzusehen sind, bleibt zu prüfen, ob die Anwendbarkeit des EG-Beihilfenregimes auf sie nicht über Art. 90 Abs. 2 EGV Einschränkungen unterliegt.

---

[92] Auch im Sinne des deutschen § 98 Abs. 1 GWB werden Rundfunkanstalten als öffentliche Unternehmen angesehen, vgl. etwa *Emmerich*, Rundfunkrecht im Wettbewerbsrecht, AfP 1989, S. 433 ff. - Zu Art. 90 Abs. 2 EGV unten Teil 2, II, 4 b).

[93] *Rawlinson* (Anm. 45), Art. 92, RdNr. 8.

4. Anwendbarkeit und Reichweite der Ausnahmeklausel des Art. 90 Abs. 2 EGV

Art.90 Abs. 2 EGV begrenzt für bestimmte Kategorien von Unternehmen, nämlich u.a. solche, die "mit Dienstleistungen von allgemeinem wirtschaftlichen Interesse betraut sind"

- die weiter erwähnten Finanzmonopole können in diesem Zusammenhang außer Betracht bleiben -

die Anwendbarkeit der Vertragsvorschriften, insbesondere der Wettbewerbsregeln einschließlich des Beihilferegimes insoweit, als die Anwendung dieser Vorschriften die Erfüllung der diesen Unternehmen übertragenen besonderen Aufgaben rechtlich oder tatsächlich "verhindert". Die eingegrenzte Ausnahme dieser öffentlich bedeutsamen Unternehmen von maßgeblichen Vertragsvorschriften wird jedoch nach Art. 90 Abs. 2 S. 2 EGV wieder durch die Erwägung relativiert, daß die Entwicklung des Handelsverkehrs nicht in einem Ausmaß beeinträchtigt werden darf, das dem Interesse der Gemeinschaft zuwiderläuft. Für die Anwendung des Art. 90 Abs. 2 EGV ist der Kommission in Art. 90 Abs. 3 EGV eine Wächteraufgabe übertragen.

Die Anwendung dieser komplizierten und auch in der EG-Praxis umstrittenen Regelung bereitet manche Schwierigkeiten.[94] Immerhin lassen sich Art. 90 Abs. 2 EGV im Zusammenhang mit der Frage der Anwendbarkeit des EG-Beihilferechts auf die deutschen Rundfunkgebühren bestimmte Hinweise entnehmen, die auf ihre Weise nahelegen, daß der besondere Auftrag des öffentlich-rechtlichen Rundfunks in diesen Zusammenhängen besonders ernst genommen werden muß.[95] Die grundsätzliche Ratio des Art. 90 Abs. 2 EGV geht dahin, daß in dem Widerstreit zwischen der Erfüllung legitimer öffentlicher Aufgaben gemäß den Rechtsordnungen der Mitgliedstaaten und der Sicherung des Wettbewerbs im Binnenmarkt ein Ausgleich in der Richtung gesucht werden muß, daß die Erfüllung jener nationalen öffentlichen Aufgaben jedenfalls nicht vereitelt werden darf. Dies bleibt für die Aufgabe der Grundversorgung

---

[94] Vgl. etwa die Übersicht über die bisherige Gemeinschaftspraxis bei *Pernice*, in: Grabitz/Hilf, Komm. EUV/EGV (1994) zu Art. 90, RdNr. 30 ff. oder *Grill*, in: Lenz (Hrsg.), EGV-Komm.(1994), zu Art. 90, RdNr. 17 ff.

[95] Zur Anwendbarkeit des Art. 90 Abs. 2 EGV im Rundfunkbereich insbesondere *Selmer/Gersdorf* (Anm. 2), S. 38 ff.; *Dörr/Closs/Kreutzer* (Anm. 49), S. 14 ff.; *Laursen* (Anm. 59), S. 104 ff.

der Bevölkerung mit Rundfunkdiensten durch die öffentlich-rechtlichen Rundfunkanstalten in Deutschland zu beachten.

a) Anwendbarkeit des Art. 90 Abs. 2 EGV im Rundfunkbereich nach Einfügung der "Kulturklausel" des Art. 92 Abs. 3 d) EGV?

Die grundsätzliche Einbeziehung des öffentlich-rechtlichen Rundfunks in Art. 90 Abs. 2 EGV war und ist in der Gemeinschaftspraxis nicht streitig. Zwar besteht zwischen der Rechtsprechung des Gerichtshofs und der Auffassung der Kommission ein gelegentlicher Dissens darüber, inwieweit der Rundfunk als Unternehmen angesehen werden kann, das mit Dienstleistungen von allgemeinem wirtschaftlichem Interesse betraut ist.[96] Diese Auseinandersetzungen berühren jedoch nicht die Anwendbarkeit des Art. 90 Abs. 2 EGV als solche in diesen Zusammenhängen. Demgegenüber ist im Schrifttum neuerdings die Meinung geäußert worden, durch die seit 1993 gültige "Kulturklausel" des Art. 92 Abs. 3 d) EGV bedürfe es für die Anwendbarkeit des EG-Beihilferechts keiner Prüfung des Art. 90 Abs. 2 EGV mehr.[97] Er werde hier durch die neue lex specialis des Art. 92 Abs. 3 d) EGV ausgeschlossen, wonach Beihilfen zur Förderung der Kultur und der Erhaltung des kulturellen Erbes als mit dem Gemeinsamen Markt vereinbar angesehen werden können, soweit sie die Handels- und Wettbewerbsbedingungen in der Gemeinschaft nicht in einem Maß beeinträchtigen, das dem gemeinsamen Interesse zuwiderläuft. Der lex specialis-Charakter des Art. 92 Abs. 3 d) wird nach dieser Auffassung aus der Ähnlichkeit der beiden Normen nach Funktion, Wortlaut und Regelungsmuster geschlossen, wobei die Kulturklausel wegen der besonderen Spezialität ihres Anwendungsbereiches nach allgemeinen methodologischen Gründen den allgemein auf öffentliche Interessen abstellenden Art. 90 Abs. 2 EGV verdränge.

Vergleicht man die grundsätzliche Position und Funktion der beiden Regelungen miteinander, will ein solcher Ausschlußcharakter des Art. 92 Abs. 3 d) EGV nicht einleuchten. Es besteht kein Anlaß, ab 1993 von der bisher feststehenden Gemeinschaftspraxis abzuweichen, welche zunächst prüft, ob die Anwendbarkeit der EG-Wettbewerbsregeln aus Art. 90 Abs. 2 gewissen allgemeinen Einschränkungen unterliegt, bevor sie zu einer Untersuchung der ein-

---

[96] Dazu unten Teil 2, II, 4 b).

[97] *Selmer/Gersdorf* (Anm. 2), S. 43 ff.

zelnen Bestimmungen - hier des Art. 92 EGV - einschließlich der dort noch einmal gegebenen bereichsspezifischen Modifikationen übergeht. Art. 90 Abs. 2 EGV legt nach seinem eindeutigen Wortlaut (" ... gelten die Vorschriften dieses Vertrages ... soweit ...") eine bedingungslose Legalausnahme von den Vertragsvorschriften für die dort genannten besonderen Unternehmenskategorien fest.[98] Soweit diese Ausnahme eingreift, ist für die Anwendung der entsprechenden Vertragsvorschriften, u.a. des EG-Beihilferechts, kein Raum mehr. Damit wird in solchen Fällen auch die Geltung des Art. 92 Abs. 3 d) EGV von vornherein ausgeschlossen. Außerdem ist zu berücksichtigen, daß Art. 92 Abs. 3 d) EGV lediglich eine fakultative Ausnahme vom Beihilfeverbot darstellt ("können"). Es würde dem grundsätzlichen Sinn des Art. 90 Abs. 2 EGV zuwiderlaufen, in seinem Anwendungsbereich eine unbedingte Ausnahme zu statuieren, wenn man diesen Willen des Vertrages durch eine fakultative Ausnahme verdrängen könnte. Es besteht, mit anderen Worten, hier kein wirkliches Verhältnis einer lex specialis zu einer lex generalis, sondern es sind divergierende Anwendungsmodalitäten gegeben. Der "weiche" Art. 92 Abs. 3 d) vermag den "strengen" Art. 90 Abs. 2 EGV nicht zu ersetzen.

Schließlich ist entstehungsgeschichtlich anzumerken, daß vor und nach 1993 die Gemeinschaftspraxis niemals Veranlassung gesehen hat, bei den anderen Fakultativausnahmen der Art. 92 Abs. 3 a) - c), e) den Art. 90 Abs. 2 EGV nicht für anwendbar zu halten, obwohl z.B. der Wortlaut von Art. 92 Abs. 3 c) EGV weitgehend demjenigen von d) entspricht. Es ist nicht ersichtlich, weshalb die Einfügung von d) durch den Maastrichter Unionsvertrag 1992/93 hier eine andere Lage geschaffen haben sollte.

Daher ist zu prüfen, ob die Ausnahmeklausel des Art. 90 Abs. 2 EGV im Zusammenhang mit der Erhebung der Rundfunkgebühren für die deutschen öffentlichen Rundfunkanstalten zu einem Ausschluß der Geltung des EG-Beihilferechts führt.

---

[98] Nach vorherrschender Auffassung wird Art. 90 Abs. 2 EGV als eine unmittelbar anwendbare Legalausnahme von den Vertragsvorschriften angesehen. Vgl. *Grill* (Anm. 94) zu Art. 90 RdNr. 24 mit den Nachweisen aus der Rechtsprechung und *Pernice* (Anm. 94), zu Art. 90, RdNr. 51.

b) Ausschluß der Geltung des EG-Beihilferechts im Falle der deutschen Rundfunkgebühren gemäß Art. 90 Abs. 2 EGV?

Aufgrund lange feststehender Rechtsprechung des Gerichtshofs und damit übereinstimmender Auffassungen in der Literatur bestehen kaum Zweifel, daß die deutschen Rundfunkanstalten als Unternehmen im Sinne des Art. 90 Abs. 2 EGV anzusehen sind.[99] Zum europarechtlichen Unternehmenscharakter der Rundfunkanstalten ist bereits bei der Prüfung des Art. 92 Abs. 1 EGV ausgeführt worden.[100] Die deutschen Rundfunkanstalten sind auch im Sinne des Art. 90 Abs. 2 EGV mit Dienstleistungen von allgemeinem wirtschaftlichen Interesse betraut. Es wurde ebenfalls bereits ausgeführt, daß nach der feststehenden Rechtsprechung des Gerichtshofs der Rundfunk Dienstleistungen im Sinne des Art. 60 EGV erbringt.[101] Darüber hinaus besteht Einigkeit darüber, daß der Dienstleistungsbegriff des Art. 90 Abs. 2 EGV sogar noch weiter als in Art. 60 zu verstehen ist.[102] Sein Sinn ist nicht auf die grenzüberschreitende Dienstleistung jener Vorschrift beschränkt. Hier geht es darum, daß Unternehmen, die in ihrem Mitgliedstaat oder auch darüber hinaus "öffentliche Dienste" im Interesse des Gemeinwohls erbringen ("service public") um dieser Aufgaben willen von bestimmten Vertragsvorschriften dispensiert werden. Es ist offensichtlich, daß die kulturpolitische Aufgabe der medialen Grundversorgung der deutschen Bevölkerung mit Rundfunkdiensten politischer, gesellschaftlicher, künstlerischer und unterhaltender Art durch die Anstalten eine solche Dienstleistung im allgemeinen öffentlichen Interesse darstellt.[103]

Die Rundfunkanstalten sind mit dieser öffentlichen Aufgabe im Sinne des Art. 90 Abs. 2 EGV "betraut" worden. Darunter wird die Übertragung der Aufgabe durch Gesetz oder sonstigen Hoheitsakt verstanden, um die Reichweite des Ausnahmetatbestandes des Art. 90 Abs. 2 beliebiger Ausdehnung zu entziehen.[104] Es wurde bereits dargestellt, daß sich der Grundversorgungsauf-

---

[99] Seit EuGHE 1974, 409 ff. (431), RS 155/73, "Sacchi", st. Rspr.; *Jungbluth*, Das Niederlassungsrecht der Rundfunkveranstalter in der EG, 1992, S. 69 ff.; *Selmer/Gersdorf* (Anm. 2), S. 39 ff. m.w.N.

[100] Oben Teil 2, II, 3.

[101] Oben Teil 1, II, 2.

[102] EuGHE 1984, 2727 ff. - RS 72/83, "Campus Oil"; Grill (Anm. 94) zu Art. 90, RdNr. 22.

[103] Vgl. etwa *Jungbluth* (Anm. 99), S. 65.

[104] Seit EuGHE 1971, 723 ff. - RS 10/71, "Hafen von Merteret", st. Rspr.

trag des deutschen öffentlich-rechtlichen Rundfunks nach der Rechtsprechung des Bundesverfassungsgerichts sogar unmittelbar aus der Verfassung (Art. 5 Abs. 1 GG) herleitet.[105] Er ist darüber hinaus in § 11 Rundfunkstaatsvertrag 1996 und im Recht der Bundesländer vielfältig rechtlich festgehalten.[106] An der "Betrauung" im Sinne des Art. 90 Abs. 2 EGV besteht danach kein Zweifel.

Die Kommission hat allerdings früher gelegentlich bezweifelt, daß es sich bei den Rundfunkdiensten um solche von "wirtschaftlichem Interesse" handele, wie dies Art. 90 Abs. 2 EGV voraussetzt.[107] Beim Rundfunk stünde die kulturell-geistige und nicht die wirtschaftliche Seite im Vordergrund. Dieser Auffassung haben sich jedoch der EuGH und auch sonstige Stellungnahmen mit überzeugenden Gründen nicht angeschlossen. Zwar ist richtig, daß die primäre Aufgabe gerade des öffentlich-rechtlichen Rundfunks keine wirtschaftliche ist, sondern eine im Sinne des Programmauftrags geistig-kulturelle Betätigung. Dieses "Kulturargument" reicht aber bei Art. 90 Abs. 2 EGV ebensowenig wie anderwärts im Vertrage aus, die erhebliche ökonomische Seite der Rundfunktätigkeit auszuklammern und ihn auf diese Weise wirtschaftlich gemeinten Vertragsregelungen von vornherein zu entziehen.

Die Kommission selbst hat den entgeltlichen Dienstleistungscharakter der Rundfunktätigkeit bei Art. 60 EGV in den Vordergrund gerückt. Ebenso läßt z.B. Art. 92 Abs. 3 d) EGV mit der Möglichkeit von "Kulturausnahmen" gegenüber dem grundsätzlichen Beihilfeverbot erkennen, daß der kulturelle Aspekt bestimmter Tätigkeiten für sich alleine nicht für eine "Bereichsausnahme Kultur" ausreicht. Daher ist der auch wirtschaftliche Charakter von Rundfunkdienstleistungen von der vorherrschenden Auffassung als Grund für die Einordnung der Rundfunkanstalten unter die besonderen Unternehmen im Sinne des Art. 90 Abs. 2 EGV angesehen worden.[108]

---

[105] Oben Teil 1, I, 3 b und Teil 2, II, 1 c.

[106] Z.B. § 4 Gesetz über den Westdeutschen Rundfunk Köln i.d.F. v. 11.01.1988, GVBl. NRW S. 27 ("Medium und Faktor freier Meinungsbildung und ... Sache der Allgemeinheit").

[107] Vgl. *Kommission der EG (Hrsg.)*, Fernsehen ohne Grenzen (Grünbuch), 1984, S. 192 ff.

[108] Neben den Nachweisen oben Anm. 99 noch *Herrmann*, Europa und die Medien, ZUM 1985, S. 175 ff.; *Deringer*, Europäisches Gemeinschaftsrecht und nationale Rundfunkordnung, ZUM 1986, S. 627 ff.

Dennoch führt die Prüfung des Art. 90 Abs. 2 EGV letztlich nicht zu einem generellen Ausschluß des EG-Beihilferechts im Zusammenhang mit der Finanzierung des öffentlich-rechtlichen Rundfunks durch Gebühren. Die Ausnahme des Art. 90 Abs. 2 EGV ist im Interesse möglichster Geltung der Vertragsnormen zurückhaltend ausgestaltet. Der Ausschluß der Vertragsregelungen gilt nur "soweit", als die Erfüllung der besonderen Aufgaben der Unternehmen bei ihrer Anwendung rechtlich oder tatsächlich "verhindert" würde. Im Interesse einer nicht zu weiten Ausdehnung des Art. 90 Abs. 2 EGV wird diese Voraussetzung strikt und eng verstanden. Eine bloße Erschwerung oder Behinderung der Aufgabenerfüllung reicht für die Anwendung des Art. 90 Abs. 2 EGV nicht aus. Die Anwendung der Vertragsvorschriften muß mit den besonderen Aufgaben "nachweislich unvereinbar" sein.[109] In den Zusammenhängen der Gebührenfinanzierung des deutschen öffentlich-rechtlichen Rundfunks hat jedoch die bisherige Untersuchung des Beihilfebegriffes bereits ergeben, daß die deutschen Rundfunkgebühren tatbestandlich keine Beihilfen im Sinne des Art. 92 Abs. 1 EGV darstellen, weil diese Gebühren die Rundfunkanstalten nicht begünstigen, sondern lediglich ein angemessenes Entgelt für deren öffentliche Rundfunkdienste darstellen.[110] Wenn dem so ist, kann man in diesem Zusammenhang nicht sagen, daß die Anwendung der Beihilferegeln die Erfüllung der öffentlichen Rundfunkdienste durch die deutschen Rundfunkanstalten verhindern würde. Vielmehr führt diese Anwendung zu dem Ergebnis, daß gar kein Anlaß für die Anwendung dieser Regeln in diesem Falle besteht.[111] Unter diesen Umständen kann auch nicht von einer Entwicklung des Handelsverkehrs gesprochen werden, die im Sinne von Art. 90 Abs. 2 S. 2 EGV dem Interesse der Gemeinschaft zuwiderlaufen würde.

Ergänzend wäre zu sagen, daß eine Betrachtung, welche die Rundfunkgebühren tatbestandlich als Beihilfen im Sinne des Art. 92 Abs. 1 EGV ansieht, zu keinem anderen Ergebnis bei Art. 90 Abs. 2 käme. In diesem Falle wäre zunächst zu untersuchen, ob das grundsätzliche Beihilfeverbot bei den Rundfunkgebühren infolge des Fehlens anderer Tatbestandselemente des Art. 92 Abs. 1 EGV oder aber wegen ihrer Beurteilung als Kulturbeihilfen im Sinne

---

[109] So der EuGH seit der RS "Sacchi" (oben Anm. 99), vgl. auch die E der Kommission v. 11.06.1993, ABl. L 179/23 ff. und Grill (Anm. 94), zu Art. 90, RdNr. 22.

[110] Oben Teil 2, II, 1 a) - b).

[111] So auch *Dörr/Closs/Kreutzer* (Anm. 49), S. 15 f., 34; ähnlich auch *Laursen* (Anm. 59), S. 106 f.

des Art. 92 Abs. 3 d) EGV letztlich nicht zur Anwendung käme. Im Rahmen dieser Untersuchung wird zu zeigen sein, daß die Rundfunkgebühren unter den eben erwähnten Gesichtspunkten tatsächlich als gemeinschaftsrechtlich gerechtfertigt anzusehen sind.[112] Dann wäre aber der Schluß nicht gerechtfertigt, die Erfüllung der öffentlichen Rundfunkaufgaben werde bei einer Prüfung der deutschen Rundfunkgebühren unter Beihilfegesichtspunkten im Sinne von Art. 90 Abs. 2 EGV "verhindert". Allerdings wäre bei solchen Prüfungen für die Auslegung von Bedeutung, daß die Rundfunkanstalten grundsätzlich unter die besonderen Unternehmen im Sinne des Art. 90 Abs. 2 EGV fallen. Ihr Charakter als "Service public" bleibt auch dann hervorgehoben und beachtenswert, wenn Art. 90 Abs. 2 EGV die Anwendung der anderen Vertragsregeln nicht schlechthin ausschließt. Für die Frage der Vereinbarkeit von Beihilfen mit dem Gemeinsamen Markt ist beispielsweise unter den Aspekten des Art. 92 Abs. 3 d) von wesentlichem Belang, ob die Zuwendungsempfänger mit der Finanzierung Tätigkeiten erfüllen, die nach dem nationalen Recht des Mitgliedstaats wichtige Dienstleistungen im öffentlichen Interesse darstellen.

Im Ergebnis bleibt festzuhalten, daß die Prüfung des Art. 90 Abs. 2 EGV an dem bereits vorher gefundenen Ergebnis nichts ändert, daß die deutschen Rundfunkgebühren keine Beihilfen im Sinne des Art. 92 Abs. 1 EGV sind, da ihnen notwendige tatbestandliche Elemente einer Beihilfe abgehen.

III. Innergemeinschaftliche Wettbewerbsverfälschungen durch die deutschen Rundfunkgebühren?

Die bisherige Untersuchung, die insbesondere auf die Gemeinschaftspraxis einschließlich der Rechtsprechung des Gerichtshofs gestützt wurde, hat gezeigt, daß die deutschen Rundfunkgebühren u.a. mangels eines begünstigenden Charakters nicht dem Beihilfebegriff des Art. 92 Abs. 1 EGV unterfallen. Da dies in einigen wirtschaftsorientierten Stellungnahmen des Schrifttums anders gesehen wird,[113] werden im folgenden hilfsweise die weiteren Voraussetzungen geprüft, bei deren Erfüllung eine Beihilfe unter das grundsätzliche Verbot des Art. 92 Abs. 1 EGV fallen würde. Hiernach müssen Beihilfen als

---

[112] Unten Teil 3 dieser Untersuchung.

[113] Insbesondere *Engel*, Kommunikation und Medien, in: Dauses (Hrsg.), Hdb. des EG-Wirtschaftsrechts, 1995, E V, RdNr. 52; *Selmer/Gersdorf* (Anm. 2), S. 24 ff. und die weiteren Autoren oben Anm. 55.

erstes den Wettbewerb verfälschen oder zu verfälschen drohen. In diesem Zusammenhang kann sowohl der Wettbewerb zwischen Unternehmen desselben Mitgliedstaats relevant sein, als auch ein solcher zwischen Unternehmen mehrerer Mitgliedstaaten.[114] Allerdings bleibt dann immer noch zu untersuchen - gemäß Art. 92 Abs. 1 - , ob dieser Wettbewerb jeweils den Handel zwischen den Mitgliedstaaten beeinträchtigt.[115]

1. Auf welchen Märkten findet Wettbewerb zwischen Rundfunkunternehmen statt?

Beihilfen bedeuten die Begünstigung bestimmter Unternehmen durch eine Stärkung der Position des geförderten Unternehmens auf dem Markt.[116] Dies setzt zunächst einmal ein Wettbewerbsverhältnis zwischen bestimmten Unternehmen auf einem für deren Betätigung beiderseits relevanten Markt voraus.[117] Dabei ist dieser Markt aus der Sicht der Nachfrager (Abnehmer) zu bestimmen. Im Zusammenhang dieser Untersuchung stellt sich somit die Frage nach dem sachlich relevanten Markt, auf dem sich Wettbewerb zwischen dem deutschen öffentlich-rechtlichen Rundfunk und seiner Konkurrenz abspielt.

Es ist auf den ersten Blick zu sehen, daß hier nach verschiedenen Märkten unterschieden werden muß. Zum einen ist die Frage an den sog. "Programm-Markt" zu stellen, d.h. inwieweit die Rundfunkanstalten bei ihrem Programmangebot an die Rundfunkteilnehmer in einem wirtschaftlichen Wettbewerbsverhältnis mit anderen Anbietern stehen. Sodann ist der Werbemarkt ins Auge zu fassen, im Sinne der Konkurrenz um die Werbeaufträge. Weiterhin sind der Programmbeschaffungs- und der Programmverwertungsmarkt in diesem Zusammenhang sachlich relevante Märkte.

Bei dem eigentlichen "Programm-Markt" besteht zwischen den deutschen öffentlich-rechtlichen Rundfunkanstalten und dem privaten Rundfunk innerhalb Deutschlands ein publizistisches und in begrenztem Ausmaß auch wirtschaftlich relevantes Wettbewerbsverhältnis. Mit innergemeinschaftlichem

---

114 EuGHE 1988, 4082 ff. - RS 102/87; *Lefèvre*, Staatliche Ausfuhrförderung und das Verbot wettbewerbsverfälschender Beihilfen im EWGV, 1977, S. 124 m.w.N.

115 Dazu unten Teil 2, III., 3.

116 EuGHE 1980, 2671 ff. (2688) - RS 730/79 "Philip Morris" st. Rspr.; *v. Wallenberg* (Anm. 54), Art. 92 RdNr. 24; *Rawlinson* (Anm. 45), Art. 92 RdNr. 10.

117 *Wenig* (Anm. 83), Art. 92 RdNr. 18.

Rundfunk (z.B. in Österreich oder über ARTE) ist dieser Wettbewerb allerdings sehr begrenzt. Ökonomisch eingeschränkt ist dieser Wettbewerb deshalb, weil der private Rundfunk in Deutschland und auch anderwärts am Aufkommen der deutschen Rundfunkgebühren nicht teilnimmt (§ 43 RStV). Gleiches gilt für den im Ausland (z.B. in Österreich durch das "Programmentgelt" gemäß § 20 des österreichischen Runddfunkgesetzes 1984/93) gebührenfinanzierten öffentlichen Rundfunk. In Deutschland wird für ARTE gemäß §§ 1, 9 RFinStV ein fester Betrag im Rahmen der Rundfunkgebührenerhebung in Deutschland abgezweigt.[118] In all diesen Fällen kann es infolge der getrennten Finanzierungsarten auf dem Programm-Markt zu keinem direkten wirtschaftlichen Wettbewerb zwischen privatem bzw. nichtdeutschem Rundfunk und den Anstalten um die deutschen Rundfunkgebühren kommen.[119]

Ein begrenztes wirtschaftliches Wettbewerbsverhältnis zwischen dem öffentlich-rechtlichen und dem privaten Rundfunk auf dem Programm-Markt besteht allerdings zu denjenigen Sendezeiten, in denen auch den Anstalten in begrenztem Umfang Werbung gestattet ist (§ 15 RStV beim Fernsehen: 20 Minuten werktäglich im Jahresdurchschnitt vor 20 Uhr). Da die zu erzielenden Werbepreise von der erzielten Reichweite der Sendung ("Quote") abhängen, innerhalb deren die Werbung ausgestrahlt wird, besteht hier ein Wettbewerbsverhältnis zwischen dem zur gleichen Zeit ausgestrahlten, mit Werbung bestückten Programm der öffentlichen und der privaten Seite um die Gunst der Zuschauer.[120] Jedoch ist die öffentlich-rechtliche Seite auch in diesen Sendezeiten durch die qualitativen und quantitativen Vielfaltsgebote ihres Grundversorgungsauftrags daran gehindert, einseitig nur auf "Quote" zu setzen. Wirtschaftlich gesehen, besteht für sie ein Wettbewerbsnachteil. Der Wettbewerb auf dem Programm-Markt ist sowohl durch die zeitlichen Werbebegrenzungen als auch infolge der besonderen qualitativen Verpflichtungen des öffentlich-rechtlichen Rundfunks zu dessen Lasten ein "hinkender" Wettbewerb.[121] Diese Feststellungen werden hier für das Fernsehen wegen der be-

---

[118] Näher *Schmid*, Der Europäische Fernsehkulturkanal ARTE, 1996, S. 164 ff. (noch unveröff.).

[119] So auch *Monopolkommission*, Gesamtwirtschaftliche Chancen und Risiken wachsender Unternehmensgrößen, VI. Hauptgutachten 1984/85, 1986, Tz. 584; *Selmer/Gersdorf* (Anm. 2), S. 46.

[120] *Grundmann*, Die öffentlich-rechtlichen Rundfunkanstalten im Wettbewerb, 1990, S. 105 f.

[121] Ähnlich *Hoffmann-Riem*, Rundfunkrecht neben Wirtschaftsrecht, 1991, S. 117.

sonderen Bedeutung des Fernsehwerbemarktes getroffen. Sie gelten jedoch in vergleichbarer Weise auch für den Hörfunk.

Darüber hinaus ergeben sich wettbewerbliche Beziehungen ideell-publizistischer Relevanz zwischen den verschiedenen Rundfunksystemen in einem allgemeinen Sinne. Der Rundfunk und insbesondere das Fernsehen ist das "Massenmedium" par excellence. Selbst sog. Minderheitenprogramme erreichen oftmals eine in die Hunderttausende gehende Zuschauerzahl. Mit seinem verfassungsrechtlichen und gesetzlichen Grundversorgungsauftrag für die gesamte Bevölkerung ist der deutsche öffentlich-rechtliche Rundfunk gehalten, ein an unterschiedliche Teilnehmerkreise gerichtetes, in Information/Kunst/Unterhaltung "gemischtes" Programm anzubieten. Es muß aber in seiner Gesamtheit hinreichend massenattraktiv sein, um dem letztlich im Demokratieprinzip wurzelnden Gedanken der Grundversorgung gerecht zu werden.[122] Auf der privaten Seite ergibt sich die wirtschaftliche Notwendigkeit, ein massenattraktives Programm anzubieten, aus der an die Reichweiten gekoppelten Art der Werbungsfinanzierung. Aus unterschiedlichen Beweggründen suchen daher beide Systeme, zu gleichen Sendezeiten die Gunst möglichst vieler Zuschauer für sich zu gewinnen und konkurrieren so miteinander. Dies zeigt sich deutlich in der sog. "Prime Time" nach 20 Uhr, in der auch die öffentlich-rechtlichen Anstalten in ihren Hauptprogrammen mit beliebten Sendungen möglichst viele Zuschauer auf sich zu ziehen suchen, obwohl sie in dieser Zeit nicht werben dürfen. Insgesamt gesehen, ergibt sich somit auf dem Programm-Markt publizistisch ein allgemeines, nicht nur ökonomisches Wettbewerbsverhältnis zwischen den Systemen, während der eigentlich wirtschaftliche Wettbewerb sich auf bestimmte Sendezeiten begrenzt. Dabei unterliegt der öffentlich-rechtliche Rundfunk auch in diesem Segment - wie gezeigt - durch den Grundversorgungsauftrag nichtwirtschaftlichen Einschränkungen.

Aus ähnlichen Gründen ist es auch auf dem Werbemarkt, d.h. bei der beiderseitigen Aquisition von Werbungsaufträgen nur in einem eingegrenzten Sinne gerechtfertigt, von einem wirtschaftlichen Wettbewerbsverhältnis zwischen dem öffentlich-rechtlichen und dem privaten Sektor um die Werbekunden zu sprechen. Auch dieser Wettbewerb spielt sich in erster Linie national zwischen dem deutschen öffentlich-rechtlichen Rundfunk und den in Deutschland tätigen privaten Sendern ab. Innergemeinschaftlich ist dieser Wettbewerb wesentlich geringer. Da die Anstalten den erwähnten strikten Werbebe-

---

[122] BVerfGE 73, 158: "Grundversorgung für alle"; vgl. auch oben Teil 1, I, 3 b.

schränkungen aufgrund des Rundfunkstaatsvertrags unterliegen, ist nur ein Teil des Werbemarktes überhaupt beiden Systemen eröffnet.

In diesem Zusammenhang ist zu beachten, daß über die zeitlichen Grenzen für die öffentlich-rechtlichen Hauptprogramme gemäß § 15 Abs. 1 RStV hinaus die dritten öffentlich-rechtlichen Fernsehprogramme nach § 15 Abs. 2 RStV einem absoluten Werbeverbot unterliegen und daß nach § 19 Abs. 4 in einem unter Beteiligung deutscher Anstalten international verbreiteten Programm keine ausschließlich auf Deutschland abzielende Werbung veranstaltet werden darf.

Selbst innerhalb der Programmteile, in denen der deutsche öffentlich-rechtliche Rundfunk werben darf, muß sein Programm den allgemeinen Maßstäben des Grundversorgungsauftrags genügen. Es darf beispielsweise nicht um der Verbesserung der Reichweiten willen in ein rein unterhaltendes Programm umgewandelt werden, sondern muß die verschiedenen anderen Elemente der Grundversorgung (Information, Kunst u.a.) berücksichtigen. Mit diesen "Bepackungen" des öffentlichen Programms ergeben sich auf dem Werbemarkt nicht nur ein zeitlich eingegrenztes Wettbewerbsverhältnis, sondern darüber hinaus für den öffentlich-rechtlichen Rundfunk programmliche Rücksichtnahmen, die seine wirtschaftliche Position im Wettbewerb um die Werbekunden beeinträchtigen.[123]

Ähnlich stellt sich die wettbewerbliche Lage auf dem Programmbeschaffungsmarkt im Sinne des Nachfragewettbewerbs zwischen öffentlich-rechtlichem und privatem Rundfunk im Hinblick auf den Erwerb von Programmteilen dar.[124] Dieses Konkurrenzverhältnis greift über die nationalen Grenzen auf den innergemeinschaftlichen Markt und darüber (USA!) hinaus, obwohl das nationale Wettbewerbsverhältnis auch hier immer noch bedeutsam bleibt. Bei dem hier im Vordergrund stehenden Ankauf von Senderechten ist die Breite und Tiefe des Grundversorgungsauftrags der öffentlich-rechtlichen Rundfunkanstalten wiederum eine Verpflichtung, welche die Anstalten in diesem Markt wirtschaftlich gesehen benachteiligt. Infolge der Fülle feststehender Obligationen aus dem Grundversorgungsauftrag - von der Veranstaltung des Hörfunks und regional geprägter Dritter Fernsehprogramme über die Unterhaltung eines weltweiten Auslandskorrespondentennetzes bis zur Bedienung eines aufwendigen "hochkulturellen" Programms - ist die öffentlich-rechtliche Seite daran

123 *Grundmann* (Anm. 120), S. 105 ff., 117 ff.

124 Zu diesem Markt *Selmer/Gersdorf* (Anm. 2), S. 47 f. m.w.N.

gehindert, ihre Finanzkraft nach Belieben gezielt einzusetzen. Im Wettbewerb um teure massenattraktive Senderechte ist die Position der Anstalten aus den objektiven Gründen der Erfüllung des gesetzlichen Rundfunkauftrags geschwächt. Die erheblichen finanziellen Schwierigkeiten, die den deutschen Rundfunkanstalten in den neunziger Jahren beim Erwerb bestimmter massenattraktiver Sportrechte (Fußball, Tennis u.a.) oder beim Erwerb international bedeutsamer Filmrechte entstanden sind, haben diesen Zustand "hinkenden Wettbewerbs" der Systeme auf dem Programmbeschaffungsmarkt vor aller Augen deutlich gemacht.[125]

Aus dem unterschiedlichen Auftrag der Systeme ergeben sich schließlich auch Auswirkungen bei ihrem Wettbewerb auf dem Programmverwertungsmarkt, der seinerseits über die nationalen Grenzen hinausreicht. Bei dem Verkauf eigener Produktionen oder Senderechte stehen sich die öffentlich-rechtlichen und die privaten Anbieter als Wettbewerber gegenüber, teilweise auch innerhalb des jeweiligen Systems.[126] Auch auf diesem Markt wirkt sich bis zu einem gewissen Grade das unterschiedliche Programmprofil der Systeme aus. Nur in den Bereichen vergleichbarer Programmproduktion, also insbesondere auf dem Unterhaltungssektor, findet Wettbewerb in vollem Sinne statt. Er entfällt dagegen, soweit keine Austauschbarkeit des Programmangebots gegeben ist.

Insgesamt gesehen ist wirtschaftsrelevanter Wettbewerb im Sinne von Art. 92 Abs. 1 EGV zwischen den öffentlich-rechtlichen Rundfunkanstalten und dem privaten Rundfunk, teilweise auch innerhalb des öffentlich-rechtlichen Sektors, in Deutschland und darüber hinaus auf den verschiedenen sachlich relevanten Märkten zwar feststellbar. Er wird jedoch nahezu überall zu Lasten der öffentlich-rechtlichen Seite dadurch eingegrenzt, daß die rechtlichen Verpflichtungen der Anstalten aus dem Grundversorgungsauftrag ihnen ein wirtschaftlich orientiertes Handeln erschweren. Die Erfüllung des öffentlichen Rundfunkauftrags schränkt die Konkurrenzfähigkeit des öffentlich-rechtlichen Rundfunks im Verhältnis zu den Privaten ein. Das Wettbewerbsverhältnis wird zu einem "hinkenden". Dies ist bei der weiteren Betrachtung unter den Gesichtspunkten des Art. 92 EGV zu beachten.

---

[125] Näher *Eberle*, Aktivitäten der EU auf dem Gebiet der Medien und ihre Auswirkungen auf den öffentlich-rechtlichen Rundfunk, ZUM 1995, S. 763 ff. Hier wird von einer "Schieflage" im Wettbewerb gesprochen.

[126] *Grundmann* (Anm. 123), S. 116 ff. m.w.N.

2. Verfälschen die deutschen Rundfunkgebühren den "hinkenden" Wettbewerb zwischen öffentlichen und privaten Rundfunkunternehmen?

Voraussetzung einer Anwendung des Art. 92 Art. 1 EGV ist, daß die in Frage stehende Beihilfe den Wettbewerb auf dem relevanten Markt "verfälscht" oder zu verfälschen droht. Selbst wenn man den - unrichtigen - Standpunkt einnimmt, die deutschen Rundfunkgebühren seien tatbestandlich Beihilfen im Sinne des Art. 92 Abs. 1 EGV, müßte das Aufkommen aus den Rundfunkgebühren, welches dem öffentlich-rechtlichen Rundfunk in Deutschland als Hauptfinanzierungsquelle zufließt, eine solche "Verfälschung" des oben umrissenen, begrenzten und "hinkenden" Wettbewerbs der Anstalten vor allem mit dem privaten Rundfunk bewirken. Unter einer solchen Verfälschung des Wettbewerbs wird eine "künstliche Beeinträchtigung" verstanden, welche die Marktbedingungen infolge der finanziellen Zuwendung zugunsten bestimmter Wettbewerber zu Lasten anderer günstiger gestaltet. Mit einer ähnlichen Formulierung wird von einem "unverdienten" Kostenvorteil gesprochen, der die Position bestimmter Unternehmen gegenüber ihren Mitbewerbern stärkt.[127] In der Gemeinschaftspraxis ist inzwischen anerkannt, daß eine solche künstliche Beeinträchtigung bzw. der unverdiente Kostenvorteil nicht bereits in der finanziellen Zuwendung öffentlicher Mittel als solche erblickt werden kann ("Per-Se-Wettbewerbsverfälschung"). Der Gerichtshof hat in seiner Rechtsprechung diese früher gelegentlich in der Kommission vertretene Auffassung zurückgewiesen.[128] Es bedarf vielmehr in jedem Falle einer sorgfältigen Marktanalyse unter Berücksichtigung der tatsächlichen Verhältnisse, um zu erkennen, ob die betreffende finanzielle Maßnahme zu einer unverdienten Beeinträchtigung der Wettbewerbssituation bestimmter Teilnehmer führt.

Legt man diese anerkannten Maßstäbe der Gemeinschaftspraxis der Wettbewerbslage zugrunde, wie sie in Deutschland zwischen den gebührenfinanzierten, zur Erfüllung des Grundversorgungsauftrags verpflichteten öffentlich-rechtlichen Rundfunkanstalten und dem einer solchen Verpflichtung nicht unterworfenen, werbefinanzierten privaten Rundfunk besteht, wird sichtbar, daß von einer künstlichen Wettbewerbsverfälschung durch die Gebührenfinanzie-

---

[127] EuGHE 1990 T-959 ff. - RS C 142/87 st. Rspr.; *Wenig* (Anm. 79), Art. 92 RdNr. 19; *Rawlinson* (Anm. 45), Art. 92 RdNr. 10.

[128] Seit EuGHE 1985, 809 ff. - Verb. RS 296 u. 318/82; näher *Wenig* (Anm. 79), Rdnr. 20 m.w.N.

rung der Anstalten nicht gesprochen werden kann. Wenn überhaupt im Zusammenhang mit dieser Wettbewerbslage von "künstlichen" Beeinträchtigungen o.ä. gesprochen werden kann, wären sie eher in den - allerdings aus wohlerwogenen Gründen des Gemeinwohles erlassenen - Pflichtigkeiten und Beschränkungen zu erblicken, die der öffentliche Rundfunkauftrag den Anstalten auferlegt und die sie in ihrer Wettbewerbsfähigkeit im Verhältnis zum privaten System benachteiligt.

In diesem Zusammenhang sind als erstes die Umstände der Entstehung der dualen Rundfunkordnung in Deutschland in den achtziger Jahren zu berücksichtigen.[129] Diese Entwicklung, die zum Aufkommen eines privaten Rundfunksektors neben den öffentlich-rechtlichen Anstalten führte, korrespondierte im wesentlichen mit derjenigen in anderen Mitgliedstaaten der Gemeinschaft. Die Rechtsprechung des Gerichtshofs hat betont, daß bei der Beurteilung des Vorliegens einer Wettbewerbsverfälschung mittels Gewährung einer Beihilfe von der Wettbewerbslage auszugehen ist, die vor Erlaß der fraglichen Maßnahme auf dem Gemeinsamen Markt bestand.[130] Dieser logische Ansatzpunkt erhellt bei der Anwendung auf den hier zu untersuchenden Sachverhalt ein weiteres Mal die Paradoxie, die bei dem Versuch einer Anwendung des Art. 92 EGV auf die deutschen Rundfunkgebühren sichtbar wird. Die Gebührenfinanzierung des deutschen öffentlich-rechtlichen Rundfunks besteht seit dessen Anfängen nach dem Ende des Zweiten Weltkriegs, also lange vor dem Abschluß der Römischen Verträge 1957/58.[131] Nach dem Inkrafttreten der Art. 92 ff. EWGV (seit 1.11.1993: EGV) kam bis in die neunziger Jahre niemand in Deutschland oder auch in Brüssel auf den Gedanken, diese Finanzierungsform unter den Gesichtspunkten einer Beihilfegewährung zu problematisieren. Bis in die achtziger Jahre hinein wären solche Überlegungen schon deswegen abwegig gewesen, weil mangels der Existenz eines nennenswerten privaten Rundfunksektors keine Wettbewerbslage im Sinne des Art. 92 Abs. 1 EGV gegeben war. Anschließend konnte aber auch die Zulassung privater Rundfunkveranstalter durch die deutsche Gesetzgebung in den achtziger Jahren keine wettbewerbsverfälschende Situation herstellen. Wie es die ständige Rechtsprechung des Bundesverfassungsgerichts mit Blick auf Art. 5 Abs. 1

---

[129] *Oppermann*, Auf dem Wege zur gemischten Rundfunkverfassung der Bundesrepublik Deutschland?, JZ 1981, S. 721 ff.; *Herrmann* (Anm. 5), S. 94 ff.

[130] EuGHE 1974, 709 ff. - RS 173/73.

[131] *Herrmann*, Zur Entstehung der Rundfunkorganisation in der Bundesrepublik Deutschland, Rundfunk und Fernsehen 1962, S. 368 ff.

GG herausgearbeitet hat, war der Aufbau eines von weitergehenden programminhaltlichen und organisatorischen Vorgaben im wesentlich freigestellten privaten Rundfunksektors in Deutschland verfassungsrechtlich überhaupt nur deshalb möglich, weil die im Interesse der Rundfunkfreiheit gebührenfinanzierten öffentlich-rechtlichen Rundfunkanstalten die Erfüllung des vom Grundgesetz her gebotenen öffentlichen Rundfunkauftrags gewährleisteten.[132] Vom Vorhandensein eines durch die Gebührenfinanzierung materiell vom Staate unabhängigen öffentlichen Rundfunks, der die mediale Grundversorgung der Bevölkerung dauerhaft garantiert, hängt die verfassungsrechtliche Legitimation und Existenzberechtigung des Privatfunks in seiner jetzigen Ausgestaltung ab. Daher sind auch Überlegungen nicht tragfähig, die eine Wettbewerbsverfälschung im Ausschluß des privaten Rundfunks vom Gebührenaufkommen erblicken wollen, weil so der Privatfunk nicht seinerseits in die Grundversorgungsaufgabe hineinwachsen könne.[133] Dies verkennt, daß der Grundversorgungsauftrag um seiner verfassungsrechtlichen Bedeutsamkeit willen auf jeden Fall über ein stabiles, von staatlichen und privaten Einflußnahmen gleichermaßen unabhängiges öffentlich-rechtliches Rundfunksystem garantiert werden muß. Das ist der Sinn der vom BVerfG entwickelten und inzwischen in § 11 RStV verankerten Bestands- und Entwicklungsgarantie des öffentlich-rechtlichen Rundfunks.[134] Eine je nach dem Charakter einzelner Sendungen - soweit diese überhaupt zuverlässig eingeordnet werden können - oszillierende Verteilung des Gebührenaufkommens zwischen öffentlichem und privatem Rundfunk wäre systemfremd und müßte die Gewährleistung des Grundversorgungsauftrags in Frage stellen.[135]

Wenn man im Sinne der Rechtsprechung des Gerichtshofs bei der Prüfung einer etwaigen Wettbewerbsverfälschung die tatsächliche heutige Marktlage analysiert, ist entscheidend festzuhalten, daß die Gebührenfinanzierung der Anstalten diesen alles andere als "unverdiente Kostenvorteile" gewährt. Der deutsche öffentlich-rechtliche Rundfunk wird hierdurch lediglich in den Stand versetzt, den vielfältigen Anforderungen des gesetzlichen Grundversorgungsauftrags nachzukommen. Es ist bereits geschildert worden, daß die deutsche Rundfunkgebühr ihrem Wesen nach nichts anderes ist als das angemessene

---

[132] BVerfGE 73, 118 ff. (157); oben Teil 1, I, 3, a).

[133] *Selmer/Gersdorf* (Anm. 2), S. 74 ff.

[134] BVerfGE 83, 238 ff.; *Herrmann* (Anm. 5); S. 108 ff. m.w.N.

[135] Zur Fragwürdigkeit dieses "Zerlegungsmodells" näher unten Teil 3, II, 2 b).

Entgelt für die Leistung dieser den Anstalten obliegenden öffentlichen Rundfunkdienste sowie für sonstige öffentliche Rundfunkaufgaben.

Wie bereits gezeigt, liegt in diesem Entgeltcharakter zugleich die Grenze für die Höhe der Gebühren.[136] Dabei ist mitzuberücksichtigen, daß die Rundfunkgebühr aus dem Sozialstaatsprinzip der Verfassung heraus für den Bürger in der Höhe zumutbar ("erschwinglich") bleiben muß.[137] Es handelt sich bei den öffentlichen Rundfunkdiensten um einen Teil der Daseinsvorsorge, welche öffentliche Einrichtungen heute zu erbringen haben. In der Realität führen die verschiedenen gesetzlichen Eingrenzungen der Gebührenhöhe dazu, daß heute die meisten Anstalten mit Haushaltsdefiziten kämpfen, die durch Sparmaßnahmen und künftige Gebührenerhöhungen ausgeglichen werden müssen.[138]

In diesem "hinkenden" Wettbewerb zwischen den Anstalten, die mit den Pflichtigkeiten des Rundfunkauftrags belastet sind, und dem zu freierer Aktion berechtigten privaten Rundfunksektor wird die Schwächung der Wettbewerbsfähigkeit der öffentlich-rechtlichen Seite durch die Sicherheit des Aufkommens der Gebühr einigermaßen ausgeglichen. Von einer "Verfälschung" des Wettbewerbs kann angesichts dieser Lage nicht gesprochen werden. Die Gebühr hat die Funktion kompensatorischen Ausgleichs von Wettbewerbsnachteilen, die durch den Gesetzgeber aus Gründen des Gemeinwohls zu Lasten des öffentlich-rechtlichen Rundfunks geschaffen wurden.

Da tatbestandlich von einer (drohenden) "Verfälschung" des Wettbewerbs im Sinne des Art. 92 Abs. 1 EGV nicht gesprochen werden kann, erübrigt sich hier die Prüfung der umstrittenen Frage, ob eine solche Wettbewerbsverfälschung im EG-Beihilfenrecht wie im Kartellbereich der Art. 85 ff. EGV eine "spürbare" Intensität haben muß.[139] Da das Gebührenaufkommen den öffentlich-rechtlichen Rundfunk über den Ausgleich von Wettbewerbsnachteilen überhaupt erst befähigt, seine gesetzlichen Aufgaben zu erfüllen, ist weder eine geringfügige noch eine spürbare Wettbewerbsverfälschung zugunsten der Anstalten feststellbar.

---

[136] Oben Teil 2 II, b.

[137] BVerfGE 90, 60 ff. (102 f.).

[138] Vgl. die Zahlen oben in Anm. 65, 66.

[139] Der Streitstand etwa bei *v. Wallenberg* (Anm. 54), Art. 92, RdNr. 27. Die Tendenz geht zumindest bei Einzelbeihilfen zur Verneinung des Spürbarkeitserfordernisses. Z.T. wird es auch bei der Frage der "Beeinträchtigung" des zwischenstaatlichen Handels geprüft, dazu unten Teil 2, III., 3.

3. Beeinträchtigen die deutschen Rundfunkgebühren den Handel zwischen den Mitgliedstaaten?

Art. 92 Abs. 1 EGV stellt als weitere Voraussetzung für die Anwendbarkeit des grundsätzlichen Beihilfeverbots das Erfordernis auf, daß die wettbewerbsverfälschenden Beihilfen den Handel zwischen den Mitgliedstaaten beeinträchtigen. Dabei besteht nach der Rechtsprechung des Gerichtshofs Klarheit darüber, daß eine Eignung der Beihilfe für eine solche Beeinträchtigung der tatsächlichen Beeinträchtigung gleichzusetzen ist ("potentielle Beeinträchtigung").[140]

Eigentlich erübrigt es sich nach den bisher gefundenen Ergebnissen, eine Beeinträchtigung des zwischenstaatlichen Handels durch die deutschen Rundfunkgebühren noch einmal gesondert zu prüfen. Abgesehen davon, daß die Gebühren schon tatbestandlich nicht als Beihilfen im Sinne des Art. 92 Abs. 1 EGV angesehen werden können, lag keine Wettbewerbsverfälschung durch diese finanziellen Zuwendungen an den öffentlich-rechtlichen Rundfunk vor.[141] Nur eine wettbewerbsverfälschende Beihilfe vermag jedoch eine "Beeinträchtigung" des Handels zwischen den Mitgliedstaaten hervorzurufen. Daher prüft der Gerichtshof diese beiden Tatbestandsmerkmale regelmäßig in engem Zusammenhang.[142]

Um der Vollständigkeit willen wird die Zwischenstaatsklausel hier noch einmal gesondert untersucht. Es kann nicht überraschen, daß in diesem Zusammenhang wesentlich auf die gleichen Argumente abzuheben ist, welche soeben bei der Ablehnung der Wettbewerbsverfälschung im Vordergrund standen.

Zunächst ist festzustellen, daß sich heute in bestimmtem Umfang grenzüberschreitender Handel zwischen den öffentlichen und privaten Rundfunkunternehmen Deutschlands und anderer Mitgliedstaaten der Gemeinschaft abspielt. Unter diesen Handel im Sinne des Art. 92 Abs. 1 EGV fallen umfassend nicht nur Waren im engeren Sinne, sondern auch der Austausch von Dienstleistungen einschließlich des sog. "Rechte-Handels".[143]

---

[140] EuGHE 1980, 2671 ff. (2688 f.) - RS 730/79 "Philip Morris" st. Rspr.

[141] Oben Teil 2, III, 2.

[142] Z.B. EuGHE 1987, 4393 ff. - RS 259/85.

[143] EuGHE 1981, 2021 ff. (2032) - RS 172/80 st. Rspr.

Außer Acht gelassen sei hier die gelegentlich geäußerte These, daß - ähnlich wie bei der Wettbewerbsverfälschung - die zwischenstaatlichen Handelsbeziehungen für die Waren/Dienstleistungen bereits zu dem Zeitpunkt der Gewährung der finanziellen Zuwendung bestehen müßten, weil sonst kein beeinträchtigungsfähiges Objekt gegeben sei.[144] Wollte man so denken, wäre noch einmal darauf hinzuweisen, daß die deutschen Rundfunkgebühren schon seit ungefähr Ende des Zweiten Weltkrieges erhoben werden, d.h. lange vor dem Inkrafttreten des EWGV/EGV 1957/58. Die EG-weite "Rundfunklandschaft" kannte in Europa damals noch keine private Konkurrenz zu den öffentlich-rechtlichen Systemen in den Mitgliedstaaten, die ihrerseits nationale Programmaufträge erfüllten. Immerhin kam es zwischen den öffentlich-rechtlichen Systemen zu einem begrenzten Handel bei der Programmverwertung/Programmbeschaffung (Übernahme ausländischer Hörspiele/Spielfilme u.ä.). Vor allem erscheint denkbar, daß die Gewährung von Beihilfen auch einen sich erst entwickelnden zwischenstaatlichen Handel zu beeinträchtigen vermag.

Auf die o.g. These wird daher nicht weiter eingegangen.

Die heutige EG-weite Rundfunklandschaft charakterisiert sich durch eine große Zahl öffentlicher und privater Rundfunkunternehmen in beinahe allen Mitgliedstaaten, die untereinander vielfältig in Handelsbeziehungen stehen. Dabei kann wiederum nach den verschiedenen Märkten unterschieden werden, auf denen sich diese Beziehungen abspielen.

Auf dem Programm-Markt im Sinne des konkurrierenden Programmangebots der Sender an das Publikum wird man allerdings per definitionem nicht von einem Handelsverkehr zwischen den Rundfunkteilnehmern sprechen können.[145] Dagegen sind auf dem Werbemarkt zwischenstaatliche Handelsbeziehungen gegeben. Innerhalb des europäischen Binnenmarktes werden zahlreiche Waren europaweit vertrieben. Dies bedingt transnationale Werbestrategien - insbesondere im Fernsehen - für diese Produkte. Sie führen zu übernationalen Handelsbeziehungen zwischen den Werbekunden und den Rundfunksendern in den einzelnen Mitgliedstaaten, soweit diese Werbung betreiben dürfen. Ebenso ist der transnationale Kauf und Verkauf bestimmter Sendungen und Rechte (Sportsendungen, Filme, Serien, Nachrichten u.a.m.) zwischen den

---

[144] *Wenig* (Anm. 79), Art. 92 RdNr. 23.

[145] A.A. *Selmer/Gersdorf* (Anm. 2), S. 53, wo auf die Attraktivität des Programmangebots abgestellt wird. Dies bedeutet aber noch keinen Handelsverkehr.

Rundfunkveranstaltern der EG-Mitgliedstaaten eine alltägliche Erscheinung geworden (Programmbeschaffungs- und Programmverwertungsmarkt). Von dem Vorhandensein eines umfänglichen zwischenstaatlichen Programm- und Rechtehandels zwischen den Rundfunkunternehmen der Mitgliedstaaten ist auszugehen.

Ebensowenig wie von einer Wettbewerbsverfälschung kann jedoch von einer "Beeinträchtigung" dieses Handels im Sinne des Art. 92 Abs. 1 EGV dadurch gesprochen werden, daß die deutschen öffentlich-rechtlichen Rundfunkanstalten ähnlich wie viele Anstalten anderer Mitgliedstaaten wesentlich aus Rundfunkgebühren finanziert werden. Es wurde bereits darauf hingewiesen, daß Wettbewerbsverfälschung und Handelsbeeinträchtigung im Sinne des Art. 92 Abs. 1 EGV Kehrseiten ein- und derselben Medaille sind. Diese Sicht legt auch der Gerichtshof bei seinen Prüfungen zugrunde.[146]

Als Beeinträchtigung des Handels wird allgemein eine "künstliche" Erschwerung der Einfuhren beziehungsweise der Erleichterung der Ausfuhren durch staatliche Beihilfen verstanden, die bestimmten Unternehmen im Gegensatz zu anderen gewährt werden.[147] Die "Künstlichkeit" ist in diesem Zusammenhang nichts anderes als die "künstliche Beeinträchtigung" oder der "unverdiente Kostenvorteil", welche das Wesen der Wettbewerbsverfälschung bei Art. 92 Abs. 1 EGV ausmachen.[148] Die vom Gerichtshof in diesem Zusammenhang geforderte Marktanalyse unter Berücksichtigung der tatsächlichen Verhältnisse hatte bereits ergeben, daß im Falle der deutschen Rundfunkgebühren von einem solch "unverdienten" Kostenvorteil nicht gesprochen werden konnte. Die Gebühren erwiesen sich vielmehr als das angemessene Entgelt für die Erfüllung der dem deutschen öffentlich-rechtlichen Rundfunk gesetzlich auferlegten Rundfunkdienste (Grundversorgungsauftrag). Mit anderen Worten ermöglichte erst das Gebührenaufkommen den ungefähren Ausgleich der Wettbewerbsnachteile der Anstalten und somit einen unverfälschten Wettbewerb zwischen dem öffentlichen und privaten Rundfunksektor. Somit kann ebensowenig von "künstlichen" Erschwerungen/Erleichterungen des innergemeinschaftlichen Dienstleistungs- und Rechtehandels zwischen den

---

[146] Vgl. die Rechtsprechung oben Anm. 142.

[147] EuGHE 1967, 543 ff. (556) - RS 23/67 "Heacht I"; EuGHE 1980, 2671 ff. (2688 f.) - RS 730/79 "Philip Morris"; Lefèvre (Anm. 114), S. 126; *Wenig* (Anm. 79), Art. 92 RdNr. 24; *v. Wallenberg* (Anm. 54), Art. 92 RdNr. 28.

[148] Oben Teil 2, III, 2, insbes. Anm. 127, 128.

Rundfunkunternehmen der Mitgliedstaaten gesprochen werden. Wiederum ist festzustellen, daß der deutsche öffentlich-rechtliche Rundfunk durch die angemessene Finanzierung aus den Gebühren überhaupt erst in den Stand gesetzt wird, trotz seiner wirtschaftlich nachteiligen "Bepackungen" aus dem Grundversorgungsauftrag gleichberechtigt an diesem zwischenstaatlichen Handel teilzunehmen.[149]

Es kann ebensowenig von einer potentiellen Beeinträchtigung des zwischenstaatlichen Handels durch die Rundfunkgebühren gesprochen werden, die nach der Rechtsprechung des Gerichtshofs der tatsächlichen gleichzusetzen ist.[150] Es ist bereits gezeigt worden, daß es sowohl nach den leitenden Prinzipien des deutschen Gebührenrechts als auch in einem tatsächlichen Sinne infolge der Kontrollmechanismen, welche in das Verfahren der Rundfunkgebührenerhöhungen in Deutschland eingebaut sind, ausgeschlossen ist, daß ein überkompensatorischer Effekt bei einer künftigen Gebührenerhöhung in dem Sinne eintreten könnte, daß den Anstalten öffentliche Mittel jenseits ihrer gesetzlichen Programmverpflichtungen zufließen.[151]

Die Rundfunkgebühren sind ihrer Höhe nach, wie man in Deutschland sagt, "gedeckelt". Da nach dem Sozialstaatsprinzip des deutschen Grundgesetzes außerdem ein sozialverträgliches Niveau der Gebühren von Verfassung wegen geboten ist, haben die deutschen Rundfunkanstalten in der Praxis Schwierigkeiten, daß ihnen von den fachlich und politisch entscheidenden Instanzen (KEF, Parlamente der Bundesländer) überhaupt eine aufgabengerechte Höhe der Gebühren zuerkannt wird.

Angesichts dieser Sachlage, wonach eine tatsächliche oder potentielle Beeinträchtigung des Handels zwischen den Mitgliedstaaten im Sinne des Art. 92 Abs. 1 EGV ausgeschlossen erscheint, erübrigt sich auch an dieser Stelle ein näheres Eingehen auf die Streitfrage, ob eine solche Beeinträchtigung von "spürbarer" Intensität hätte sein müssen. Das Problem der Spürbarkeit wird nach einigen Auffassungen nicht im Zusammenhang mit der Wettbewerbsverfälschung geprüft, sondern erst bei der Beeinträchtigung des zwischenstaatli-

---

[149] A.A. *Engel* (Anm. 23), S. 269 f.; *Selmer/Gersdorf* (Anm. 2), S. 52 ff.; *v. Wallenberg* (Anm. 68), da sie unzutreffend die Pflichtigkeiten aus der umfassenden Grundversorgung nicht berücksichtigen.

[150] Oben Anm. 140.

[151] Oben Teil 1, I, 1.

chen Handels.[152] Dies erklärt sich wiederum aus dem engen und unlösbaren Zusammenhang dieser beiden Tatbestandselemente des Art. 92 Abs. 1 EGV. Ebensowenig wie bei der Wettbewerbsverfälschung kann man im Falle der deutschen Rundfunkgebühren von einer auch nur geringfügigen, geschweige denn spürbaren innergemeinschaftlichen Handelsbeeinträchtigung sprechen, nachdem erkannt worden ist, daß durch die Gebührenfinanzierung des öffentlichen Rundfunksektors bestenfalls eine faire Handels- und Wettbewerbsgleichheit zwischen den verschiedenen Rundfunkunternehmen hergestellt worden ist.

IV. Einige Anmerkungen zur EG-Beihilfenaufsicht (Art. 93 EGV) über die Rundfunkfinanzierung

Wie eingangs bemerkt,[153] ist die Frage, inwieweit die öffentliche Rundfunkfinanzierung in einzelnen EG-Mitgliedstaaten unter Gesichtspunkten des EG-Beihilferechts zu prüfen sei, erst Anfang der neunziger Jahre aufgrund von Beschwerden privater Fernsehveranstalter aus einigen Mitgliedstaaten bei der Europäischen Kommission in eine gewisse Erörterung geraten. Bei diesen Äußerungen ging es nicht um das deutsche System der Finanzierung des öffentlich-rechtlichen Rundfunks durch Rundfunkgebühren. Erst aufgrund von anschließenden Äußerungen aus der deutschen europarechtlichen Theorie, insbesondere in der Studie von Selmer/Gersdorf, sind auch in Deutschland Thesen vertreten worden, nach denen die deutschen Rundfunkgebühren als Beihilfen im Sinne des EG-Vertrages anzusehen und hieraus bestimmte Folgerungen zu ziehen wären.[154]

Die bisherigen Ergebnisse des Gutachtens haben ergeben, daß diese Rechtsauffassungen nicht der herrschenden Gemeinschaftspraxis entsprechen, wie sie insbesondere in der Rechtsprechung des Gerichtshofs zutage getreten ist. Die deutschen Rundfunkgebühren sind tatbestandlich keine Beihilfen und verfälschen nicht den innergemeinschaftlichen Wettbewerb zwischen den Rundfunkunternehmen. Sie beeinträchtigen auch nicht den Handel zwischen den

---

[152] "Eine noch offene Frage": *Rawlinson* (Anm. 45), Art. 92 RdNr. 14, mit der insoweit nicht klaren Rechtsprechung des Gerichtshofs.

[153] Oben "Einführende Bemerkungen" und auch Teil 2, I., 2.

[154] *Selmer/Gersdorf* (Anm. 2); ähnlich *Engel* (Anm. 113).

Mitgliedstaaten. In jüngerer Zeit hat sich die Europäische Kommission in ähnlichem Sinne geäußert.

Diese Haltung der Europäischen Kommission ist auch unter den Aspekten des EG-Beihilfeverfahrens, wie es in Art. 93 EGV geregelt ist, verständlich und konsequent.[155] Das System der Erhebung der Rundfunkgebühren in Deutschland ist, wie bereits erwähnt, in seiner Grundstruktur bei der Errichtung des öffentlich-rechtlichen Rundfunks in der Bundesrepublik Deutschland nach 1945 eingeführt worden. Es ist seither immer wieder durch Erfordernisse der technischen Entwicklung, wie beispielsweise die Einführung des Fernsehens in den fünfziger Jahren, die Gründung eines zweiten Fernsehprogramms (ZDF) 1961/62, Dritter Programme der ARD oder durch Ereignisse wie die Wiedervereinigung Deutschlands 1990 umgestaltet worden.[156] Ferner wurde die Höhe der Rundfunkgebühren seit Jahrzehnten in mehrjährigen Abständen, zuletzt durch den Rundfunkfinanzierungsstaatsvertrag 1996 aufgrund der Wirtschaftslage der Anstalten neu festgesetzt.[157] Diese Vorgänge fanden jeweils in aller Öffentlichkeit statt und erzeugten aus verschiedenen Gründen öffentliche Diskussionen, nicht zuletzt wegen des erheblichen Finanzvolumens, das in Frage stand.

Im Sinne des EWG-Vertrags von 1957/58, der am 01.01.1958 in Kraft trat (seit 01.11.1993 'EG-Vertrag' benannt), wäre die deutsche öffentliche Rundfunkfinanzierung ebenso wie die entsprechende Finanzierung in anderen Mitgliedstaaten, wenn sie als eine Beihilfe anzusehen gewesen wäre, verfahrensmäßig als "bestehende" Beihilferegelung im Sinne des Art. 93 Abs. 1 EGV anzusprechen gewesen.[158] Der Kommission wäre seit 1958 die Aufgabe zugefallen, eine solche Regelung fortlaufend in Zusammenarbeit mit den Mitgliedstaaten zu überprüfen und gegebenenfalls zweckdienliche Maßnahmen in diesem Zusammenhang vorzuschlagen. Ferner hätten die eben erwähnten zahlreichen Umgestaltungsmaßnahmen bei der Regelung der deutschen Rundfunkgebühren die deutsche Regierung gemäß Art. 93 Abs. 3 EGV verpflichtet, die Kommission hiervon so rechtzeitig zu unterrichten, daß diese in der Lage gewesen wäre, die jeweiligen Umgestaltungen unter den Gesichtspunkten des Art. 92 EGV zu prüfen. Wenn eine solche Unterrichtung nicht er-

---

155 *Slot*, Procedural Aspects of State Aids, CMLRev 1990, S. 741 ff.

156 Im einzelnen *Herrmann* (Anm. 5), S. 67 ff.; Hartstein u.a. (Anm. 3), S. 906 ff.

157 Oben Anm. 5.

158 Zur "bestehenden Beihilfe" etwa *Rawlinson* (Anm. 45), Art. 93 RdNr. 5.

folgte, wäre die Kommission, der die Art und Weise der deutschen Rundfunkfinanzierung nicht verborgen war, seit Jahrzehnten in der Lage gewesen, diese Informationen anzumahnen. Die Kommission führt seit längerem ein Inventar der in den Mitgliedstaaten bestehenden Beihilfeprogramme und fordert systematisch Berichte über deren Durchführung an.[159] Bei Mißachtung von Notifizierungspflichten der Mitgliedstaaten kann die Kommission verschiedene Maßnahmen ergreifen (Antrag auf einstweilige Verfügungen gegen die weitere Vergabe von Beihilfen, Rückforderung von Beihilfen).[160]

Aus verständlichen Gründen sind diese verschiedenen Verfahrensmöglichkeiten des Art. 93 EGV von der Kommission auf die Finanzierung des deutschen öffentlich-rechtlichen Rundfunks oder desjenigen anderer Mitgliedstaaten niemals angewendet worden. Bis in die achtziger Jahre mochte ein solches Vorgehen schon deshalb besonders ferngelegen haben, weil es vor der technischen Entwicklung der sog. "Neuen Medien" keine Frequenzen in nennenswertem Umfang für privaten Rundfunk gab.[161] Aber auch nachdem sich die Medienlandschaft in Deutschland und anderen Mitgliedstaaten in den achtziger Jahren zu einer dualen Rundfunkordnung mit öffentlichem und privatem Sektor diversifiziert hatte, wurde die Finanzierung des öffentlich-rechtlichen Rundfunks in Brüssel nicht als ein im Sinne der Art. 92 ff. EGV relevantes Problem angesehen und verfahrensmäßig behandelt. Die Tätigkeit der Gemeinschaft im Rundfunksektor, die vor allem mit dem Grünbuch "Fernsehen ohne Grenzen" 1984, mit der "Fernseh-Richtlinie" 89/552 und den weiteren Grünbüchern über Pluralismus und Medienkonzentration im Binnenmarkt 1992 sowie über die Liberalisierung der Telekommunikations-Infrastruktur und der Kabelfernsehnetze 1995 einsetzte, beruhte auf der Anwendung der Art. 59 ff. EWGV/EGV auf den Rundfunk mit dem Ziel eines Gemeinsamen Marktes der Rundfunkdienstleistungen.[162] In diesen Zusammenhängen wurde

---

[159] Vgl. Europäische Union, XXIII. Bericht über die Wettbewerbspolitik 1993 (1994), S. 251 ff.

[160] Näher *v. Wallenberg* (Anm. 54), Art. 93 RdNr. 69 ff.

[161] Immerhin bestand auf deutschem Boden schon in den sechziger Jahren der private Sender "Europa" Nr. I in Saarbrücken; vgl. *Oppermann*, Kulturverwaltungsrecht, 1969, S. 509 f., ferner gab es in Luxemburg und Monaco die privaten "Stations périphériques".

[162] Insbesondere *EG-Kommission (Hrsg.)*, Fernsehen ohne Grenzen, Grünbuch über die Errichtung des Gemeinsamen Marktes für den Rundfunk v. 14.06.1984, Dok.KOM (84) 300 endg.; Richtlinie 89/552, ABl. 1989, L 298/23 ff. zur Koordinierung bestimmter Rechts- und Verwaltungsvorschriften über die Ausübung der Fernsehtätigkeit;

offensichtlich innerhalb der Gemeinschaft erkannt, daß die Finanzierung des öffentlich-rechtlichen Rundfunks in den Mitgliedstaaten - wie die Gebührenfinanzierung in Deutschland - im Lichte der besonderen Aufgaben zu sehen ist, welche die öffentlichen Rundfunkanstalten als "Service public" im Interesse des Gemeinwohls erbringen. Der frühere Kommissionspräsident Jacques Delors hatte in seinem bereits erwähnten Schreiben vom Juli 1994 an den früheren Ministerpräsidenten Rudolf Scharping diese Sicht des öffentlich-rechtlichen Rundfunks zum Ausdruck gebracht und betont, daß die Kommission überhaupt nicht die Absicht hat, den Bestand und die Rolle des öffentlich-rechtlichen Rundfunks in der Grundversorgung der Bevölkerung mit Information, Bildung, Kultur sowie mit Unterhaltungs- und Sportsendungen zu gefährden. Inzwischen hat die Generaldirektion IV erkennen lassen, daß von dieser Position aus der Beihilfecharakter von Rundfunkgebühren verneint wird, welche die Kosten von öffentlichen Dienstverpflichtungen ausgleichen.[163] Vor diesem Hintergrund wird verständlich, daß die Kommission sich der Verfahren des Art. 93 EGV bei ihren Überlegungen zur Rundfunkfinanzierung seit Jahrzehnten nicht bedient hat. Damit bestätigen sich von der prozeduralen Seite die in Teil 2 dieses Gutachtens dargelegten Argumente, die einen tatbestandlichen Ausschluß der deutschen Rundfunkgebühren von Art. 92 EGV nahelegen.

V. Exkurs: Öffentlich-rechtlicher Rundfunk als Teil nationaler Identität (Art. F Abs. 1 EUV)

Schließlich ist auf eine weitere Überlegung hinzuweisen, welche für die gemeinschaftsrechtliche Einordnung der Finanzierung des öffentlich-rechtlichen Rundfunks von grundsätzlicher Bedeutung ist. In wohl allen Mitgliedstaaten der Gemeinschaft kommt dem Massenmedium Rundfunk - insbesondere dem Fernsehen - eine spezifische öffentliche Verantwortung zu. In Deutschland hat das Bundesverfassungsgericht in einer langjährigen Rechtsprechung immer wieder die Bedeutsamkeit betont, welche ein plural organisierter öf-

---

EG-Kommission (Hrsg.), Pluralismus und Medienkonzentration im Binnenmarkt (Grünbuch), Dok.KOM (92) 480 endg.; Überblick bei *Oppermann*, Europarecht 1991, S. 580 ff. und *Eberle*, Aktivitäten der EU auf dem Gebiet der Medien und ihre Auswirkungen auf den öffentlich-rechtlichen Rundfunk, ZUM 1995, S. 763 ff., sowie *Hartstein u.a.* (Anm. 3), S. 357 ff.

[163] Oben Anm. 4 u. 53.

fentlicher Rundfunk für ein demokratisches Gemeinwesen besitzt, zu dessen politischen Grundwerten die allgemeine und politische Meinungsfreiheit sowie kulturelle Freiheiten in einem umfassenden Sinne gehören.[164]

Vom Bürger her gesehen, dient Rundfunk der Wahrnehmung seiner informationellen und kulturellen Teilhaberechte in einer demokratischen Gesellschaft. Von der deutschen Verfassung wird die Notwendigkeit einer vielfaltssichernden Organisation des Rundfunks föderal dadurch betont, daß Rundfunkangelegenheiten im wesentlichen nicht dem Bund, sondern - als Bestandteil ihrer Kulturhoheit - den Bundesländern übertragen worden sind (Art. 30, 70 ff., 83 ff. GG).[165] Vor diesem verfassungsmäßigen Hintergrund hat die erwähnte Rechtsprechung des Bundesverfassungsgerichts die Notwendigkeit des Vorhandenseins eines plural organisierten und wirtschaftlich leistungsfähigen öffentlichen Rundfunksektors betont, der imstande ist, die mediale Grundversorgung der Bevölkerung im umfassenden Sinne von der Information über künstlerische Darbietungen bis zur Unterhaltung in Unabhängigkeit gegenüber dem Staat und privaten Einflußnahmen dauerhaft zu gewährleisten.[166]

Von den europäischen Verträgen her gesehen, ist damit die deutsche Rundfunkordnung mit einem stabilen öffentlich-rechtlichen Rundfunk als notwendigem Bestandteil ebenso wie diejenige anderer Mitgliedstaaten ein wichtiges Stück der nationalen Identität der Bundesrepublik Deutschland, welches die Europäische Union nach Art. F Abs. 1 EUV achtet.

Art. F Abs. 1 zieht dabei seinerseits die Verbindung zum Demokratieprinzip als einem Essentiale der nationalen Ordnungen. Entscheidend ist die Verpflichtung der Union, bei Elementen der nationalen Verfassungsgestalt, die wesentlich zu ihrer unverwechselbaren Eigenart beitragen, nicht uniforme Gemeinschaftslösungen anzustreben, sondern die gewachsenen Strukturen innerhalb der Mitgliedstaaten zu respektieren.[167] Der aus Art. 59 ff. EGV abge-

---

[164] Seit BVerfGE 12, 205 ff. (259 ff.) st. Rspr., vgl. bei *Leibholz/Rinck/ Hesselberger*, GG-Komm. 1993, Art. 5 RdNr. 301 und etwa *Bullinger*, Freiheit von Presse, Rundfunk, Film, in: Isensee/Kirchhof (Hrsg.) HdbStR VI, 1989, S. 667 ff. (722 ff.); *Hoffmann-Riem* (Anm. 19), S. 192 ff. (194), jeweils m.w.N.

[165] Seit dem "1. Fernsehurteil" BVerfGE 12, 205 ff. geklärt.

[166] BVerfGE 57, 295 ff. (325) st. Rspr., zuletzt BVerfGE 90, 60 ff., oben Teil 1, I 3 a).

[167] Zum verpflichtenden Charakter des Art. F Abs. 1 EUV *Koenig/Pechstein*, Die Europäische Union, 1995, S. 40. Unten Teil 3.

leitete Auftrag der Gemeinschaft, den Gemeinsamen Markt für Rundfunkdienstleistungen in einem wirtschaftlichen Sinne herzustellen, hat sich in den Grenzen der weiterhin den Mitgliedstaaten - in Deutschland den Bundesländern - anvertrauten inhaltlichen Rundfunkaufgaben und ihrer finanziellen Voraussetzungen zu bewegen. Wie sich der Programmauftrag des öffentlichen Rundfunks im näheren definiert und wie er materiell abgesichert wird, bleibt Bestandteil der nationalen Identität, von der Art. F Abs. 1 EUV spricht.

Diese Überlegung findet eine Ergänzung und Verstärkung dadurch, daß der Rundfunk seinem Wesen nach eine kulturelle Institution ist. Wie es Art. 3 p, 128 EGV in ihrer sorgfältigen Wortwahl zum Ausdruck bringen ("Entfaltung des Kulturlebens in den Mitgliedstaaten"/"Kulturen der Mitgliedstaaten ...."), verbleibt die Kultur als ein besonders spezifischer Ausdruck der nationalen Identität eines Staates grundsätzlich unter der Obhut der Mitgliedstaaten, unbeschadet gewisser Gemeinschaftsaktionen, die sich durch das gemeinsame kulturelle Erbe Europas legitimieren.[168]

Nach Art. 128 Abs. 4 EGV trägt die Gemeinschaft bei ihrer Tätigkeit aufgrund sonstiger vertraglicher Zuständigkeiten diesen Aspekten der nationalen und regionalen Vielfalt Rechnung. Auch Art. 128 EGV legt im Zusammenhang mit den Rundfunkordnungen der Mitgliedstaaten nahe, deren nationale Strukturen zu achten und nivellierende Gemeinschaftsmaßnahmen tunlichst zu unterlassen. Hierauf ist bei der anschließenden hilfsweisen Untersuchung des Art. 92 Abs. 3 d) EGV noch einmal zurückzukommen, der für den Beihilfebereich eine besondere "Kulturklausel" enthält.[169] Unbeschadet solcher besonderen Prüfungen bleibt allgemein festzuhalten, daß Art. F Abs. 1 EUV i.V.m. Art. 128 EGV die nationalen Rundfunkordnungen der Mitgliedstaaten als eine politisch-kulturelle Veranstaltung begreift, gegenüber der die Gemeinschaft in Behutsamkeit tätig werden sollte ("Achtung").

Gelegentlich ist sogar die These aufgestellt worden, daß unter dem Gesichtspunkt nationaler Identität und Repräsentation öffentliche Kulturförderung und überhaupt kulturelle Betätigung in einem weiten Sinne aus dem Anwendungsbereich des Vertrags auszunehmen sei ("Bereichsausnahme Kul-

---

[168] *Ress*, Die neue Kulturkompetenz der EG, DÖV 1992, S. 944 ff.; *Engelhard*, in: Lenz (Hrsg.), EGV-Komm. 1994, Art. 128, RDNr. 2; *Fechner* (Anm. 32), RdNr. 11 m.w.N.

[169] Unten Teil 3.

tur").[170] Dabei wurde auf die Rechtsprechung des Gerichtshofs hingewiesen, der für Spiele von Fußballnationalmannschaften aus dem "besonderen Charakter" solcher sportlicher Begegnungen Ausnahmen von den EG-Freizügigkeitsregelungen zugelassen hat.[171]

Diese Thesen stellen indessen eine Überdehnung des "Kulturargumentes" dar, die dem Vertrage schon immer nicht entsprach und seit seinen Ergänzungen durch den Maastrichter EUV noch eindeutiger nicht haltbar ist.[172] Wie bereits bei der Prüfung von Art. 90 Abs. 2 EGV festgestellt wurde, reichen Hinweise auf den kulturellen Charakter von Tätigkeiten, die gleichzeitig von wirtschaftlicher Relevanz sind, nicht aus, um die Anwendung der Vertragsbestimmungen a limine auszuschließen. Auch der Handel mit Büchern, die ein geistiges Gut darstellen, unterliegt den Regeln des freien Warenverkehrs innerhalb der Gemeinschaft. Die technisch-wirtschaftliche Seite der Rundfunktätigkeiten macht sie zu einer Dienstleistung im Sinne des Art. 59 EGV, obwohl der eigentliche Rundfunkauftrag politisch-kultureller Natur ist.[173] Seit den Maastrichter "Kultur-Ergänzungen" des EGV in Art. 92 Abs. 3 d) und Art. 128 steht außer Zweifel, daß die Gemeinschaft bei der Ausübung ihrer Kompetenzen, u.a. bei der Beihilfenaufsicht, auch im kulturellen Bereich tätig sein kann.

Die Ablehnung der These von der a limine-Ausnahme "Kultur" ändert freilich nichts an dem vorher Gesagten. Dies bestätigt die erwähnte Rechtsprechung des Gerichtshofs zur Freizügigkeitsausnahme für Fußballspieler bei Begegnungen von Nationalmannschaften. Der Gerichtshof hatte in diesem Falle keine Bereichsausnahme für Sportkultur oder für nationale Repräsentation von den Regeln der Art. 48 ff. EGV festgestellt. Er hatte vielmehr lediglich in ei-

---

[170] So früher *Hoffmann-Riem*, Rundfunk in Europa zwischen Wirtschafts- und Kulturfreiheit, Ipsen-Symposion 1988, S. 74 ff.; *Steindorff*, Grenzen der EG-Kompetenzen, 1990, S. 54 ff.; zum EG-Beihilfenrecht in vorsichtiger Anfrage *Ress*, Kultur und Europäischer Binnenmarkt, 1991, S. 50 und passim.

[171] EuGHE 1976, 1333 ff. (1340) - RS 13/76 "Donà/Montero", wiederholt in der Entscheidung "Bosman" v. 15.12.1995 - RS C-415/93, NJW 1996, S. 505 f.

[172] *Oppermann* (Anm. 30), S. 732 ff. m.w.N.; *SLOT*, State Aids in the Cultural Sector, 1994, S. 2 ff. m.w.N.

[173] Aus der ständigen Rechtsprechung des Gerichtshofes etwa EuGHE 1980, 881 ff. - RS 62/79 "Coditel I" (Fernsehen); EuGHE 1984, 19 ff.- Verb. Rs 42 u. 63/82 (Bücher); EuGHE 1989, 3967 ff- RS 378/87 (Kunstgegenstände); EuGHE 1993, I-2239 ff. - RS C-17/92 (Film).

nem bestimmten Zusammenhang, in dem diese Gesichtspunkte evident waren, die nationale Identität geachtet, beziehungsweise kulturellen Aspekten bei der Anwendung der Art. 48 ff. Rechnung getragen, wie es inzwischen Art. F Abs. 1 EUV und Art. 128 Abs. 4 EGV formulieren.[174] Um nichts anderes geht es bei der Achtung der gewachsenen nationalen Rundfunkordnungen durch die Gemeinschaft. Die Gemeinschaft ist in der Lage, ihre wirtschaftlichen Zuständigkeiten aus Art. 59 ff. und 92 ff. EGV in diesem Bereich wahrzunehmen. Sie ist sich dabei jedoch bewußt, daß öffentlich-rechtliche Rundfunktätigkeit einen Service public politischen und kulturellen Charakters im Interesse der Allgemeinheit darstellt. Es handelt sich hier, wie es die Generaldirektion IV der Kommission formuliert hat, nicht um ein "Produkt wie jedes andere".[175]

Die Auslegung des Gemeinschaftsrechts hat daher hier im Sinne von Art. F Abs. 1 EUV i.V.m. 128 Abs. 4 EGV mit Sensibilität für diesen Tatbestand zu erfolgen.

---

174 Oben Anm. 171, vgl. auch *Klose*, Die Rolle des Sports bei der europäischen Einigung, 1989, S. 153 ff.

175 Oben Anm. 4.

Teil 3
Hilfsweise Betrachtung: Deutsche Rundfunkgebühren - Förderung der Kultur im Sinne des Art. 92 Abs. 3 lit. d) EGV?

Vorbemerkungen

Nach den in Teil 2 dieses Gutachtens gefundenen Ergebnissen ist die Finanzierung des deutschen öffentlich-rechtlichen Rundfunks durch Gebühren tatbestandlich keine wettbewerbsverfälschende Beihilfe im Sinne des Art. 92 Abs. 1 EGV. Daher bedarf es grundsätzlich keiner weiteren Überlegungen mehr, ob diese Gebührenfinanzierung unter eine der in Art. 92 Abs. 2 und 3 genannten zwingenden oder fakultativen Ausnahmen vom Beihilfeverbot des Abs. 1 fällt.

Da einige Äußerungen in der Literatur jedoch die deutschen Rundfunkgebühren als Beihilfen qualifizieren,[176] wird im folgenden diese Auffassung unterstellt und hilfsweise geprüft, ob die deutsche Rundfunkgebührenfinanzierung dann unter einen der Ausnahmetatbestände des Art. 92 fällt.

Es kommt in diesem Zusammenhang vor allem eine Legitimation der Gebühren als Kulturbeihilfe im Sinne des Art. 92 Abs. 3 d) in Betracht. Hiernach können als mit dem Gemeinsamen Markt vereinbar angesehen werden

> "Beihilfen zur Förderung der Kultur und der Erhaltung des kulturellen Erbes, soweit sie die Handels- und Wettbewerbsbedingungen in der Gemeinschaft nicht in einem Maße beeinträchtigen, das dem gemeinsamen Interesse zuwiderläuft".

Da die enge Verbindung des öffentlich-rechtlichen Rundfunks mit der Sphäre der Kultur bereits mehrfach erkannt wurde, legt sich die Prüfung der "Kulturklausel" des Art. 92 Abs. 3 d) EGV nahe. Die anderen Ausnahmetatbestände der Art. 92 Abs. 2-3 EGV sind hier nicht einschlägig. Allerdings hatte die Kommission vor der Einfügung des Art. 92 Abs. 3 d) durch den Maastrichter Unionsvertrag ab 01.11.1993 Beihilfen mit kultureller Zielset-

---

[176] Insbesondere *Selmer/Gersdorf* (Anm. 2), und *Engel* (Anm. 113).

zung als Beihilfen zur Förderung gewisser Wirtschaftszweige (sektorale Beihilfen) im Sinne des Art. 92 Abs. 3 c) EWGV angesehen.[177] Sie hatte solchen Beihilfen gegenüber regelmäßig eine positive Haltung eingenommen und sie im wesentlichen dahingehend geprüft, ob eine unzulässige Diskriminierung nach der Staatsangehörigkeit vorlag. Nunmehr stellt jedoch die "Kulturklausel" der Ziff. d) eine lex specialis für den Kulturbereich dar, sodaß sich eine Prüfung der Ziff. c) erübrigt.[178]

Die Kulturklausel des Art. 92 Abs. 3 d) EGV, welche die Zulässigkeit von Beihilfen mit kultureller Zielsetzung ermöglicht, ist im Zusammenhang mit Art. 3 p EGV zu sehen, wonach es eines der Ziele der Gemeinschaft ist, einen Beitrag zur Entfaltung des Kulturlebens in den Mitgliedstaaten zu leisten. Dieses Ziel ist in Art. 128 EGV näher umrissen worden.[179] Danach leistet die Gemeinschaft einen Beitrag zur Entfaltung der Kulturen der Mitgliedstaaten unter Wahrung ihrer nationalen und regionalen Vielfalt sowie gleichzeitiger Hervorhebung des gemeinsamen kulturellen Erbes. Nach Art. 128 Abs. 2 EGV unterstützt die Gemeinschaft die Tätigkeit der Mitgliedstaaten in verschiedenen Bereichen, darunter künstlerisches und literarisches Schaffen, "einschließlich im audiovisuellen Bereich". Ganz allgemein trägt die Gemeinschaft nach Abs. 4 den kulturellen Aspekten bei ihrer Tätigkeit aufgrund anderer Vertragsbestimmungen Rechnung. Sowohl Art. 3 p, als auch Art. 92 Abs. 3 d) und Art. 128 EGV sind Ergänzungen des EGV, die durch den Maastrichter Unionsvertrag erfolgten. Sie sind daher in engem Zusammenhang zu sehen.

Der grundsätzliche Sinn dieser EG-Kulturbestimmungen liegt ganz offensichtlich darin, daß die Gemeinschaft in Ergänzung der kulturellen Tätigkeit der Mitgliedstaaten in diesem Bereich positiv fördernd tätig werden soll. Das Kulturleben in den Mitgliedstaaten soll "entfaltet" werden, die Gemeinschaft "fördert", "unterstützt" die Kulturen der Mitgliedstaaten und "trägt den kulturellen Aspekten Rechnung". In diesem Sinne muß auch ihre Rolle im Rahmen

---

[177] Insbesondere in einer Entscheidung zu Beihilfen in der griechischen Filmindustrie, ABl. 1989, L 208/38 ff.; *Rawlinson* (Anm. 45), Art. 92, RdNr. 33 m.w.N.; *Slot* (Anm. 172), S. 7 ff. m.w.N.

[178] *V. Wallenberg* (Anm. 68), S. 875.

[179] Zur EG-Kulturzuständigkeit *Lonan/Mortelmans/Post/Watson*, Culture and Community Law - Before and after Maastricht, 1992; *Niedobitek*, Kultur und Europäisches Gemeinschaftsrecht, 1992; *Engelhard*, in: Lenz (Hrsg.), EGV-Komm. 1994, Art. 128; *Fechner* (Anm. 32).

der kulturellen Beihilfenaufsicht verstanden werden.[180] Im kulturellen Bereich geht es anders als im eigentlich wirtschaftlichen Sektor nicht um ein Höchstmaß wettbewerblicher Strenge, sondern um ein verständnisvolles Mitbedenken und Unterstützen der fördernden Kulturpolitik der Mitgliedstaaten.[181] Da viele kulturelle Hervorbringungen sich nicht nach rein ökonomischen Gesetzen rechnen, ist die finanzielle Förderung aus öffentlichen Mitteln im Kulturbereich eine alltägliche Erscheinung und grundsätzlich legitim. Sehr verständlich hat die Kommission daher schon immer bei der Prüfung von Kulturbeihilfen eine betont positive Haltung eingenommen. Die durch den EUV seit 1993 neugeschaffene Rechtslage hat mittels des kulturellen "Entfaltungsauftrags" des Art. 128 EGV diese Position bestätigt und weiter bekräftigt. Die gemeinschaftsrechtliche Förderungsverpflichtung gegenüber dem Kultursektor ist insbesondere bei der Ausübung des Ermessens mit zu beachten, welches der Kommission in Art. 92 Abs. 3 bei ihren Entscheidungen über Kulturbeihilfen eingeräumt ist ("können").[182]

I. Fördern Rundfunkgebühren die Kultur?

Wenn man die deutschen Rundfunkgebühren an den Maßstäben des Art. 92 Abs. 3 d) EGV mißt, ist vor allem die Frage zu beantworten, inwieweit es sich hierbei um finanzielle Zuwendungen handelt, welche eine "Förderung der Kultur" darstellen.

Es ist offensichtlich, daß es hier nicht um Beihilfen zur "Erhaltung des kulturellen Erbes" im Sinne der Ziff. d) geht. Hiermit sind Finanzierungen gemeint, welche der Erhaltung von Kulturgut der Vergangenheit dienen (architektonische Kulturdenkmäler, literarische, musikalische Archivalien u.ä.).

Ginge man von der an sich richtigen Einordnung der Rundfunkgebühren als angemessenes Entgelt für die öffentlichen Rundfunkdienste der Anstalten aus, könnte man den "Fördercharakter" dieser Finanzierung in Frage stellen. Während Förderung eine die Gegenleistung überschießende, subventionie-

---

180 *Ress*, Die Zulässigkeit von Kulturbeihilfen in der EU, FS Grabitz, 1995, S. 597 ff.; *Ress*, Kultursubventionen und Rundfunkfreiheit in der EU, in: Fechner/Oppermann/Prott (Hrsg.), Prinzipien des Kulturgüterschutzes, 1996, S. 123 ff.

181 *Slot* (Anm. 172), S. 5.

182 *Wemmer*, Die neuen Kulturklauseln des EG-Vertrages. Eine Analyse der Art. 128 EGV und Art. 92 Abs. 3 lit. d) EGV, 1996.

rende Wirkung meint, fehlt es hieran bei den Rundfunkgebühren. Da bei dieser Untersuchung des Art. 92 Abs. 3 d) EGV jedoch der Beihilfecharakter der Gebühren unterstellt wird, gilt dies auch für ihren fördernden Charakter.

1. Zum Kulturbegriff in Art. 92 Abs. 3 d) EGV

Für die Anwendbarkeit des Art. 92 Abs. 3 d) auf die Finanzierung des deutschen öffentlich-rechtlichen Rundfunks durch Gebühren ist entscheidend, inwieweit es sich hier um eine Finanzierung von "Kultur" handelt. Die erhebliche Bandbreite des Kulturbegriffs und der zu beachtende Zusammenhang zwischen den Art. 3 p, 92 Abs. 3 d) und 128 EGV machen die Antwort nicht ganz einfach. Eine genauere Betrachtung von Wortlaut und Sinn des Vertragstextes ermöglicht es jedoch, Klarheit zu gewinnen.

Es kann hier nicht von einem axiomatischen Kulturbegriff ausgegangen werden, der allgemeine Gültigkeit beansprucht.[183] Das Vorstellungsbild von "Kultur" ist je nach dem relevanten Zusammenhang außerordentlich variantenreich, zumal wenn man die "nationale und regionale Vielfalt" berücksichtigt, wie es Art. 128 Abs. 1 EGV nahelegt. Man spricht in solchen Zusammenhängen gelegentlich von "sinnvariierenden" Begrifflichkeiten.

Hier geht es um den Kulturbegriff im Sinne des EG-Vertrags, dem nach Wortlaut und Sinnzusammenhang eine bestimmte Bedeutung zukommt. Im Gegensatz beispielsweise zur deutschen "Kulturhoheit" der Bundesländer, die in einem umfassenden Sinne das Schul- und Hochschulwesen, den Medienbereich sowie die Kunst einbezieht,[184] wird "Kultur" im EG-Vertrag in etwas anderem Sinn verwendet. Das Bildungswesen in Schule und Hochschule ist Art. 126 EGV zugeordnet und der Bereich der Forschung innerhalb und außerhalb der Hochschule von Art. 130 f ff. EGV geregelt. Wenn Art. 128 EGV demgegenüber die "Kultur" anspricht, läßt sowohl die Abgrenzung zu jenen beiden anderen Bereichen als auch die beispielhafte Aufzählung in Art. 128 Abs. 2 EGV,

in welcher der "audiovisuelle Bereich" einmal ausdrücklich genannt wird,

---

[183] Zur grundsätzlichen Offenheit des Kulturbegriffs *Engelhard* (Anm. 179), Art. 128, RdNr. 2; *Fechner* (Anm. 32), RdNr. 14.

[184] *Oppermann*, Die deutsche Länderkulturhoheit und EG-Aktivitäten in Bildung, Forschung und technologischer Entwicklung, in: Vogel/Oettinger, Föderalismus in der Bewährung, 1992, S. 73 ff.

erkennen, daß in Art. 128 EGV mit Kultur jene Teile der geistigen Welt angesprochen werden sollen, die noch nicht von Art. 126, 130 f ff. EGV erfaßt sind.[185] Das sind in erster Linie die sogenannten "Schönen Künste" in Architektur, Literatur, Musik u.a. Wie die Erwähnung des audiovisuellen Bereichs an einer Stelle des Art. 128 EGV verdeutlicht, soll in Art. 128 gleichzeitig die mediale Verbreitung geistiger Hervorbringungen mit angesprochen werden. Das schließt den Rundfunk ein.[186] Wegen des engen entstehungsgeschichtlichen und sachlichen Zusammenhangs ist der Kulturbegriff des Art. 128 auch bei Art. 3 p und Art. 92 Abs. 3 d) EGV zugrundezulegen.

Allerdings muß an dieser Stelle dem Mißverständnis begegnet werden, mit Art. 128 EGV i.V.m. Art. 3 p und Art. 92 Abs. 3 d) EGV sei der Gemeinschaft als solcher eine umfassende Kulturkompetenz übertragen worden. Dies entspräche weder dem Willen der Maastrichter Regierungskonferenz noch dem bei dieser Gelegenheit formulierten Wortlaut des Vertrages.[187] Der Gebrauch des Plurals in Art. 3 p EGV ("Entfaltung des Kulturlebens in den Mitgliedstaaten", Französisch: "Epanouissement des cultures des Etats-membres", Englisch: "Flowering of the cultures of the member states") und in Art. 128 Abs. 1 EGV ("Beitrag zur Entfaltung der Kulturen der Mitgliedstaaten unter Wahrung ihrer nationalen und regionalen Vielfalt") stellt vielmehr unmißverständlich klar, daß die Kulturpolitik grundsätzlich in den Händen der Mitgliedstaaten verbleiben soll.[188] Die Gemeinschaft leistet zu diesen nationalen Politiken fördernde Beiträge, die sich vor allem aus dem die Nationalkulturen überwölbenden "gemeinsamen kulturellen Erbe" Europas legitimieren. Ferner ist die Gemeinschaft, wie bereits mehrfach erwähnt, an der Handhabung ihrer allgemeinen Zuständigkeiten im Waren- und Dienstleistungsverkehr oder in der Wettbewerbspolitik nicht dadurch gehindert, daß Gegenstand

---

[185] *Slot* (Anm. 172), S. 6; *Fechner* (Anm. 32), RdNr. 13.

[186] So ausdrücklich *Eberle*, Das Fernsehen im Zugriff des Europäischen Rechts, FS Thieme 1993, S. 939 ff.; *Slot* (Anm. 172), S. 1. - Auch die Kommission war schon vor dem EUV in ihrer Mitteilung "Neue Impulse für die Aktion der EG im kulturellen Bereich", EG-Bulletin, Beilage 1987/4, von einem ähnlichen Kulturbegriff ausgegangen, der die "audiovisuelle Industrie" einschloß. Der Gerichtshof hat seinerseits die gesellschaftlich/kulturelle Bedeutung des Rundfunks hervorgehoben, vgl. EuGHE 1994, I - 4795 ff. - RS C-23/93, "TV 10 SA".

[187] Zur Maastrichter Entstehungsgeschichte *Ress*, 1995 (Anm. 180); *Bohr/Albert*, Die EU - das Ende der eigenständigen Kulturpolitik der deutschen Bundesländer?, ZRP 1993, S. 61 ff.; *Engelhard* (Anm. 179), Art. 128, RdNr. 2.

[188] *Engelhard* (Anm. 179), RdNr. 2; *Slot* (Anm. 172), S. 12.

ihrer Aktivität Objekte aus dem kulturellen Bereich sind. Art. 92 Abs. 3 d) EGV ist ein vertraglich geregeltes Beispiel für eine derartige kulturelle Sekundärzuständigkeit der Gemeinschaft.

Aus dieser Erkenntnis, daß unbeschadet der in Art. 3 p, 128 EGV festgelegten Mitsprache der Gemeinschaft die primäre Kulturkompetenz der Mitgliedstaaten weiter besteht,

- sie liegt in Deutschland nach Art. 30, 70, 83 GG weithin in den Händen der Bundesländer -

ergibt sich eine wichtige Schlußfolgerung für die Auslegung des Art. 92 Abs. 3 d). Wenn dort Beihilfen "zur Förderung der Kultur" von der Kommission als vereinbar mit dem Gemeinsamen Markt angesehen werden können, kann es sich bei dieser "Kultur" nur um die jeweilige Kultur desjenigen Mitgliedstaates handeln, in dem die Beihilfe gewährt wird.[189] Das ergibt sich zum einen aus der Formulierung der "Kultur" im Singular in Art. 92 Abs. 3 d), wenn man diesen Wortlaut mit demjenigen von Art. 3 p, 128 EGV in Verbindung setzt, die von den "Kulturen der Mitgliedstaaten" sprechen. Zum anderen ist dies eine logische Konsequenz aus der Tatsache, daß es sich bei Art. 92 Abs. 1 um nationale Beihilfen handelt, die im Rahmen des jeweiligen Mitgliedstaates der Förderung des dortigen Kulturlebens dienen sollen.

Damit wird zugleich deutlich, daß es für das sinnvolle Verständnis dessen, was eine "Kultur"beihilfe im Sinne des Art. 92 Abs. 3 d) EGV sein kann, wesentlich auf das kulturelle Vorstellungsbild des betreffenden Mitgliedstaates ankommt. Zwar ist der Kulturbegriff, wie er in Art. 3 p, 92 Abs. 3 d) und 128 EGV verwendet wird, als Vertragsbegriff ein gemeinschaftsrechtlicher. Bestimmte allgemeine Konturen dieses Begriffs müssen daher europaweit gelten. Andererseits ist die Kulturzuständigkeit bei den Mitgliedstaaten verblieben, und der Vertrag erkennt in Art. 128 Abs. 1 ausdrücklich die Notwendigkeit an, die nationale und regionale Vielfalt in diesem Bereich zu wahren. Damit ist die prinzipielle Definitionsgewalt darüber, was ein Mitgliedstaat bei sich zu Hause unter kulturellen Angelegenheiten versteht, bei ihm verblieben. Nach gemeinschaftsrechtlichen Grundsätzen darf er eine solche Bestimmungsmacht nicht mißbräuchlich ausnützen, um sich den allgemeinen Pflichten aus dem Vertrag zu entziehen. Umgekehrt hat die Gemeinschaft zu respektieren, daß in diesem unter der Hoheitsgewalt der Mitgliedstaaten verbliebenen Bereich

---

[189] Hiervon gehen auch *Slot* (Anm. 172), S. 28, *Dörr/Closs/Kreutzer* (Anm. 49), S. 27 ff., *Ress*, 1995 (Anm. 180), S. 602 und *Selmer/Gersdorf* (Anm. 2), S. 59 ff. aus.

nicht gemeinschaftsweit eine uniforme Kulturvorstellung gilt ("Eurokultur"), sondern daß die Mitgliedstaaten im Kulturbereich ihren Gestaltungswillen gemäß den eigenen Traditionen autonom ausüben.[190] Aus denselben Gründen stellt Art. 128 Abs. 5 EGV beim Erlaß der kulturellen Fördermaßnahmen der Gemeinschaft durch den Rat ein ausdrückliches Verbot jeglicher Harmonisierung der Rechts- und Verwaltungsvorschriften der Mitgliedstaaten auf.

Schließlich ist für die Abgrenzung der Befugnisse zwischen Gemeinschaft und Mitgliedstaaten im Kulturbereich auf das Subsidiaritätsprinzip des Art. 3 b) EGV zu verweisen.[191] Ausweislich des Wortlauts der Art. 3 p, 128 EGV gehört die Kultur zu den Bereichen, die nicht in die ausschließliche Zuständigkeit der Gemeinschaft fallen. Daher wird die Gemeinschaft hier nur tätig, wenn die jeweiligen Ziele auf der Ebene der Mitgliedstaaten nicht ausreichend erreicht werden können und daher besser auf Gemeinschaftsebene zu regeln sind. Als eine Norm mit allgemeiner Ausstrahlungswirkung auf den ganzen EGV stellt das Subsidiaritätsprinzip Maßstäbe auf, die bei der gesamten kulturellen Aktion der Gemeinschaft zu beachten sind. Sowohl die Kulturförderung durch die EG im allgemeinen nach Art. 128 EGV als auch ihre Beihilfeaufsicht im Kultursektor nach Art. 92 Abs. 3 d) EGV sind im Geiste des Subsidiaritätsprinzips durchzuführen. Wenn man es allgemein formulieren will, soll die EG ihre Kulturzuständigkeiten behutsam und in Respekt vor der nationalen und regionalen Vielfalt in den Mitgliedstaaten ausüben. Ein Tätigwerden der Gemeinschaft im fördernden oder eingreifenden Sinne bedarf des zweifelsfreien Nachweises, daß die entsprechenden Sachprobleme hierdurch "besser" als auf nationaler Ebene erreicht werden können.[192]

Bei der Prüfung, ob eine Kulturbeihilfe im Sinne des Art. 92 Abs. 3 d) EGV vorliegt, ist daher zunächst aus den Gesichtspunkten des relevanten nationalen Rechts festzustellen, inwieweit die betreffende finanzielle Zuwendung dort als eine kulturelle angesehen wird. Läßt sich dies bejahen, kann überlegt werden, ob zwingende Aspekte des Gemeinschaftsrechts erkennbar sind, welche einer solchen Einordnung entgegenstehen. Sie fallen mehr oder weniger mit dem

---

190 *Engelhard* (Anm. 179), Art. 128, RdNr. 2.

191 *Fechner* (Anm. 32), Art. 128, RdNr. 4 ff.; *Geiger*, EGV-Komm., 2.Aufl. 1995, Art. 128 RdNr. 10.

192 Diese Prüfung gemäß Art. 3 b EGV ist im Sinne der interinstitutionellen Vereinbarung EP/Rat/Kommission v. 25.10.1993 (ABl. C 329/135) durchzuführen. Zu diesen "Tests" näher *v. Bogdandy/Nettesheim*, in: Grabitz/Hilf (Hrsg.) EUV/EGV-Komm. (1994), Art. 3 b RdNr. 33.

"gemeinsamen Interesse" zusammen, dem die Kulturbeihilfe nach dem 2. Halbsatz des Art. 92 Abs. 3 d) nicht in einem Maße zuwiderlaufen darf, das die Handels- und Wettbewerbsbedingungen in der Gemeinschaft ernsthaft beeinträchtigen würde.[193] Ferner berücksichtigt die Kommission das Gemeinschaftsinteresse bei der Ausübung des Ermessens, welches ihr gemäß Art. 92 Abs. 3 Satz 1 EGV übertragen worden ist. Insgesamt ist das vorrangige Interesse der Mitgliedstaaten an der Respektierung ihrer Kulturkompetenz auf diese Weise mit der angemessenen Berücksichtigung der Gemeinschaftsinteressen ausbalanciert.

2. *Rundfunktätigkeit und Rundfunkfinanzierung gemäß deutschem Kulturverständnis*

Nach deutschem Rechtsverständnis, insbesondere im deutschen Verfassungsrecht, wird der kulturelle Bereich weit begriffen. Das Bundesverfassungsgericht hat in seiner Rechtsprechung die Bundesrepublik Deutschland als "Kulturstaat" bezeichnet.[194] Damit ist gemeint, daß die öffentliche Hand sich nicht nur als Rechts- und Sozialstaat um Gerechtigkeit und Sicherheit sowie um das materielle Wohlergehen der Bürger kümmert, sondern im Sinne einer Staatszielbestimmung auch das geistige Leben durch unterschiedliche Maßnahmen fördert. Derselbe Begriff Kulturstaat wird in Art. 3 der bayerischen Landesverfassung ausdrücklich für das Bundesland Bayern verwendet. Weiter ist in diesem Zusammenhang die Vorstellung von der "Kulturhoheit" der deutschen Bundesländer von Bedeutung. Mit diesem in der Verfassungsrechtsprechung öfters verwendeten Begriff wird zum Ausdruck gebracht, daß kulturelle Angelegenheiten in Deutschland, von gewissen Ausnahmen abgesehen, in Gesetzgebung und Verwaltung Sache der Länder und nicht des Bundes sind.[195] In Zusammenhängen wie "Kulturstaat" und "Kulturhoheit" wird unter "Kul-

---

[193] Unten Teil 3, II.

[194] BVerfGE 36, 321 ff. (331). Der Kulturstaatsbegriff hat in Deutschland eine lange, bis auf Herder und Fichte zurückgehende Tradition, vgl. *Jung*, Zum Kulturstaatsbegriff 1976; *Häberle (Hrsg.)*, Kulturstaatlichkeit und Kulturverfassungsrecht, 1982; *Steiner/Grimm*, Kulturauftrag im staatlichen Gemeinwesen, VVDStRL 42 (1984), S. 7 ff., S.. 46 ff. Dort ergibt sich - S. 83 ff., 90 ff. - aus Referaten von Wimmer und Fleiner, daß der staatliche Kulturauftrag in Österreich und der Schweiz ähnlich umfassend wie in Deutschland gesehen wird.

[195] BVerfGE 12, 205 ff. (229) st. Rspr.

tur" im Sinne des deutschen Rechts der Bereich von Bildung und Wissenschaft in Schulen und Hochschulen, einschließlich der Forschung, sowie der Bereich der Medien mit dem Rundfunk und die Kunst angesprochen. Dies läßt sich beispielsweise an der Auslegung des Kulturstaatsbegriffs in Art. 3 bayerische Landesverfassung ablesen.[196] Zusammenfassend kann man den deutschen Kulturbegriff als eine übergreifende Definition für die geistige Sphäre begreifen.

Das Verständnis von Rundfunk als einem wichtigen Bestandteil dieses Kulturbereichs lag auch der langjährigen Rechtsprechung des Bundesverfassungsgerichts zum Rundfunk von Anfang an zugrunde. 1961 wurde in dem ersten Fernsehurteil des Bundesverfassungsgerichts eine Bundeszuständigkeit für den Rundfunk aus dessen Zuständigkeit für das "Post- und Fernmeldewesen" gemäß Art. 73 Ziff. 7 GG deshalb verneint, weil Rundfunk etwas anderes sei als eine sendetechnische Veranstaltung, nämlich "auch ein kulturelles Phänomen".[197] Aus ähnlichen Erwägungen wurde in einem späteren Urteil festgestellt, daß die Tätigkeit der öffentlich-rechtlichen Rundfunkanstalten keine gewerbliche oder berufliche Tätigkeit im Sinne des Umsatzsteuergesetzes darstelle.[198] Als das Bundesverfassungsgericht in den achtziger Jahren angesichts des Entstehens einer dualen Rundfunkordnung in Deutschland mit einem öffentlichen und privaten Sektor den öffentlich-rechtlichen Anstalten die Aufgabe der umfassenden medialen Grundversorgung - als einen aus Art. 5 Abs. 1 GG sich ergebenden Verfassungsauftrag - zuwies, knüpfte es an diese frühere Sicht an und betonte, daß die Aufgabe der Grundversorgung die essentiellen Funktionen des Rundfunks für die demokratische Ordnung ebenso wie für das kulturelle Leben in der Bundesrepublik umfasse.[199]

---

[196] *Schweiger*, in: Nawiasky/Schweiger/Knöpfle (Hrsg.), Die Verfassung des Freistaates Bayern (1995), Art. 3, RdNr. 13 ("... weshalb die Glaubens-, Bekenntnis- und Gewissensfreiheit sowie die freie Meinungsäußerung und die Freiheit von Kunst, Wissenschaft, Presse und Rundfunk notwendige Garantien auch des Kulturstaats darstellen").

[197] BVerfGE 12, 229; vgl. auch *Oppermann*, Kulturverwaltungsrecht, 1969, S. 495 f. und eingehend zum Rundfunk als kulturelle Institution Grimm, Kulturauftrag im staatlichen Gemeinwesen, VVDStRL 42 (1984), S. 68 ff.; *Pieper*, Medienrecht im Spannungsfeld von "Broadcasting und Multimedia", ZUM 1995, S. 552 ff. ("Kulturelles Phänomen der demokratischen Meinungsbildung: Politische Diskussion, Nachrichten und Information, aber auch Film, Sport und Unterhaltung").

[198] BVerfGE 31, 314 ff.

[199] BVerfGE 73, 118 ff.; *Herrmann* (Anm. 5), S. 182 f.

Im Grundversorgungsauftrag gehen auf diese Weise der politisch-demokratische und der kulturelle Auftrag des Rundfunks eine Symbiose ein.

In diesem Zusammenhang ist zu betonen, daß dem heutigen deutschen Rechtsverständnis eine Verengung des Kulturbegriffs auf die sog. "Hochkultur" (High culture) fremd geworden ist. Gewiß wird in bestimmten Zusammenhängen (z.B. wenn man vom "Kulturteil" einer Zeitung spricht) gelegentlich noch dieser traditionalistische Sprachgebrauch verwendet. Auch fördert der deutsche öffentlich-rechtliche Rundfunk in erheblichem Umfang "hohe" Kultur (z.B. bei der Produktion hochwertiger Filme, durch die Unterhaltung von Sinfonie-Orchestern oder durch Ausgaben für die Ko- und Auftragsproduktion von Hörfunk- oder Fernsehspielen und Theaterstücken). Hieraus mögen sich Äußerungen erklären, welche bei Art. 92 Abs. 3 d) EGV die Kulturförderung auf Beihilfen für diesen "elitären" Sektor der Hochkultur (Klassisches Theater und Literatur, "ernste" Musik und Oper, Kunstwerke u.ä.) beschränken wollen. Dieses zu begrenzte Verständnis, welches die Entwicklung der letzten Jahrzehnte nicht hinreichend einbezieht, liegt insbesondere der Studie von Selmer/Gersdorf zugrunde.[200] In der deutschen Staats- und Rechtspraxis ist demgegenüber seit längerem erkannt worden, daß sich solche Unterscheidungen zwischen "hoher" und sonstiger Kultur im geistigen Leben einer demokratischen Gesellschaft nicht aufrechterhalten lassen. Dieses ist vielmehr durch eine außerordentliche Vielfalt der politischen, künstlerischen und sonstigen Auffassungen gekennzeichnet. So hat es die deutsche Staatspraxis seit längerem aufgegeben, nur noch bestimmte "hohe" geistige Äußerungen als "kulturell", andere dagegen als "rein unterhaltend", populär o.ä. zu kennzeichnen. Die Rechtsprechung des Bundesverfassungsgerichts hat bei der Kunstfreiheit des Art. 5 Abs. 3 GG seit langem einen außerordentlich weiten Kunstbegriff zugrundegelegt, der beispielsweise rein unterhaltende oder gewagt-provokative Werke mitumfaßt. Das gilt ebenso für den Kulturcharakter des Rundfunkprogramms, der weit über "Hochkultur" hinausgreift.[201]

---

[200] *Selmer/Gersdorf* (Anm. 2), S. 74 ff. und passim; dieselbe Verengung des Kulturbegriffs bei *Engel*, Kommunikation und Medien, in: Dauses (Hrsg.), Hdb EG-Wirtschaftsrecht, 1995, E V, RdNr. 52.

[201] Zum Kunstbegriff seit BVerfGE 30, 188 ff. st. Rspr.; zuletzt etwa BVerfGE 83, 138 ff. Zusammenfassend *Leibholz/Rinck/Hesselberger*, GG-Komm. 1993 ff., Art. 5 RdNr. 1026 ff. Zum weiten Verständnis des klassischen öffentlichen Rundfunkauftrags zuletzt etwa wieder BVerfGE 87, 181 ff. (203 f.) und *Eberle* (Anm. 2), S. 26.

Bei der Definition der deutschen auswärtigen "Kulturpolitik" und ihrer Durchführung über die unabhängigen, aber vom Auswärtigen Amt finanzierten Kulturinstitute (Goethe-Institute) ist seit Jahrzehnten ein "erweiterter Kulturbegriff" zugrundegelegt worden. Er setzt sich zum Ziel, in einem umfassenden Sinne ein Bild vom politischen, gesellschaftlichen und sonstigen geistigen Leben in Deutschland in all seinen Schattierungen zu vermitteln.[202] Bei Lichte besehen, ist dieser erweiterte Kulturbegriff der deutschen auswärtigen Kulturpolitik inhaltlich nicht viel anderes als der umfassende Grundversorgungsauftrag, den die deutschen öffentlich-rechtlichen Rundfunkanstalten als Service public im Inland gegenüber der in Deutschland ansässigen Bevölkerung zu erfüllen haben. Auch das Programm des von Deutschland und Frankreich getragenen Europäischen "Kulturkanals" ARTE geht inzwischen von diesem erweiterten, sich nicht auf "High Culture" beschränkenden Kulturbegriff für sein Gesamtprogramm aus.[203]

Insgesamt kann man vor dem Hintergrund des heutigen deutschen Kulturverständnisses, wie es amtlich und juristisch in Verfassungsrechtsprechung und Staatspraxis der Bundesrepublik mannigfach sichtbar wird, Kulturförderung als ein vielgestaltiges Instrumentarium finanzieller Förderung des geistigen Lebens in seinen verschiedenen Facetten begreifen. Die Finanzierung des deutschen öffentlich-rechtlichen Rundfunks mittels der Rundfunkgebühren, die ihm in erster Linie zur Erfüllung des Grundversorgungsauftrags zufließen, ist in ihrer Gesamtheit als eine solche "Kulturförderung" zu verstehen, die in den Anwendungsbereich von Art. 92 Abs. 3 d) EGV fällt.[204]

---

[202] Entwicklung dieses erweiterten Kulturbegriffs z.B. in einer Rede des früheren Bundesaußenministers Hans-Dietrich Genscher beim Goethe-Institut am 20.08.1985, Text in: *Genscher*, Erinnerungen, 1995, S. 352; vgl. auch *Jensen*, Kultur für alle, 1985; *Sichtermann*, Gutes Fernsehen ist Kultur, in: Scharping (Hrsg.), Demokratische Medien - der Mensch im Mittelpunkt, 1995, S. 28 ff.

[203] Vgl. *Oppermann*, ARTE - Ein Experiment in europäischer Kultur, FS Grabitz 1995, S. 483 ff. (S. 494 ff.).

[204] Ähnlich auch *Putnam, Hayes & Bartlett* (Anm. 4), S. 43, die von den Gebühren als einer "state tax to be used for a variety of cultural activities" (Kultursteuer) sprechen.

II. Beeinträchtigen die deutschen Rundfunkgebühren die Handels- und Wettbewerbsbedingungen in der Gemeinschaft in einem Maße, das dem gemeinsamen Interesse zuwiderläuft (Art. 92 Abs. 3 d, 2. Halbsatz EGV)?

Nachdem festgestellt worden ist, daß die Finanzierung des deutschen öffentlich-rechtlichen Rundfunks durch die Rundfunkgebühren als "Förderung der Kultur" im Sinne von Art. 92 Abs. 3 d) EGV anzusehen ist, bedarf es der Prüfung, ob vorrangige Interessen der Gemeinschaft der Vereinbarkeit dieser Finanzierung mit dem Gemeinsamen Markt entgegenstehen. Gemäß dem zweiten Halbsatz des Art. 92 Abs. 3 d) EGV kann eine solche Vereinbarkeit nur angenommen werden, soweit die Kulturbeihilfen

> "die Handels- und Wettbewerbsbedingungen in der Gemeinschaft nicht in einem Maß beeinträchtigen, das dem gemeinsamen Interesse zuwiderläuft".[205]

1. Zum Sinn der "Beeinträchtigungsklausel" des Art. 92 Abs. 3 d) 2. Halbsatz EGV

Zum richtigen Verständnis dieser "Beeinträchtigungsklausel" muß ihr Verhältnis zum grundsätzlichen Beihilfeverbot des Art. 92 Abs. 1 EGV sowie zu der ähnlichen "Veränderungsklausel" in Art. 92 Abs. 3 c) EGV ins Auge gefaßt werden. Die Kulturausnahme des Art. 92 Abs. 3 d) EGV setzt zunächst das Vorhandensein einer Beihilfe im Sinne des Abs. 1 voraus, d.h. einer zwischenstaatlich wettbewerbsverfälschenden finanziellen Zuwendung aus staatlichen Mitteln. Dies wird hier, wie bereits gesagt, nur hilfsweise unterstellt, obwohl die vorangegangene Prüfung - oben in Teil 2, II und III - ergeben hat, daß die deutschen Rundfunkgebühren tatbestandlich keine derartige Beihilfe im Sinne des Abs. 1 darstellen. Diese Unterstellung war eine doppelte, denn die Rundfunkgebühren liegen nicht nur begrifflich außerhalb der Beihilfedefinition des Art. 92 Abs. 1. Es geht auch keine wettbewerbsverfälschende Wirkung von ihnen aus. Dies ergab sich insbesondere aus dem kompensatorischen Entgeltcharakter der Rundfunkgebühr für die Veranstaltung des kulturgeprägten öffentlichen Rundfunkdienstes der Grundversorgung und für weitere öf-

---

[205] Zu dieser Klausel grundsätzlich Slot (Anm. 172), S. 22 ff.; Geiger, EGV-Komm., 2. Aufl. 1995, Art. 92, RdNr. 30; *v. Wallenberg* (Anm. 68), S. 877 f.; *Wemmer* (Anm. 182).

fentliche Rundfunkaufgaben. Diese Erkenntnis bleibt auch im Rahmen der Prüfung der "Beeinträchtigungsklausel" in Art. 92 Abs. 3 d) EGV zu beachten.

Zur Ermittlung des Sinnes der Beeinträchtigungsklausel ist ferner ein Vergleich mit der ähnlichen Einschränkung in Art. 92 Abs. 3 c) EGV wichtig. Dort können Beihilfen zur Förderung der Entwicklung gewisser Wirtschaftszweige als mit dem Gemeinsamen Markt vereinbar angesehen werden,

> "soweit sie die Handelsbedingungen nicht in einer Weise verändern, die dem gemeinsamen Interesse zuwiderläuft".

Die Ähnlichkeit, aber auch gewisse Unterschiede zwischen den beiden Einschränkungen in lit. c) und lit. d) sind unübersehbar. Dabei ist zu berücksichtigen, daß die Ausnahme zugunsten der Kulturbeihilfen in Kenntnis der Fassung von lit. c) zu späterem Zeitpunkt mit dem Maastrichter Unionsvertrag 1992/93 in den EGV eingefügt worden ist. Vorher waren Kulturbeihilfen, wie bereits erwähnt, von der Kommission als sektorale Beihilfen im Sinne von c) behandelt worden. Sowohl die Ähnlichkeit als auch die Unterschiede der beiden Texte sind daher nicht zufällig. Von Interesse im Zusammenhang mit dieser Prüfung ist vor allem die Tatsache, daß die Intensität der Handels/ Wettbewerbsbeschränkung, welche zum Ausschluß einer Befreiungsmöglichkeit vom Beihilfeverbot gefordert wird, bei lit. d) offensichtlich höher angesetzt ist als bei lit. c). Während bei d) eine "Beeinträchtigung" der "Handels- und Wettbewerbsbedingungen in der Gemeinschaft" gefordert wird, reicht bei c) bereits eine "Veränderung der Handelsbedingungen" aus, um die Möglichkeit der Befreiung vom Beihilfeverbot zu vereiteln. Mit anderen Worten legt der Wortlaut von lit. d) nahe, daß eine besonders spürbare "Beeinträchtigung" der Wettbewerbslage auf Gemeinschaftsebene gegeben sein muß, wenn die Vereinbarkeit einer Kulturbeihilfe mit dem Gemeinsamen Markt ausgeschlossen sein soll. Bei den sektoralen Beihilfen gemäß c) reicht dagegen bereits eine "Veränderung" aus.

Ohne diese Unterschiede im Vertragstext überbetonen zu wollen, bestätigen sie von der Seite der Maastrichter Regierungskonferenz die grundsätzlich positive Sicht des Vertrags gegenüber den Kulturbeihilfen.[206] Dies steht nicht nur im Einklang mit der bereits vor 1993 mehrfach geäußerten Haltung der Kommission gegenüber den Kulturbeihilfen im Rahmen der damaligen Prüfung unter lit. c), sondern vor allem mit dem Kulturförderungsauftrag des Vertrags aus Art. 128 EGV.

---

[206] *Rawlinson* (Anm. 45), Art. 92 RdNr. 33, m.w.N.

Schließlich ist bei der Textanalyse des 2. Halbsatzes des Art. 92 Abs. 3 d) EGV zu beachten, daß es hier um die Beeinträchtigung der Handels- und Wettbewerbsbedingungen "in der Gemeinschaft" geht. An sich ist diese Eingrenzung auf die zwischenstaatliche Wettbewerbslage selbstverständlich, da nur solche Beihilfen unter Art. 92 Abs. 1 fallen, die den Handel zwischen den Mitgliedstaaten beeinträchtigen. Immerhin wird dieser Umstand in lit. d) noch einmal besonders betont, was beispielsweise in Ziff. c) nicht der Fall ist. Man kann dies als ein zusätzliches Indiz dafür ansehen, daß die Wettbewerbslage innerhalb eines Mitgliedstaats im Rahmen der "Beeinträchtigungsklausel" als nicht maßgeblich angesehen wird. Das ist nicht ohne Interesse. Bei der Prüfung des Rundfunkwettbewerbs auf den verschiedenen relevanten Märkten war festzustellen, daß zwar bis zu einem gewissen Grade innergemeinschaftlicher Wettbewerb besteht. Der Schwerpunkt des Rundfunkwettbewerbs in Deutschland spielt sich aber deutlich zwischen den verschiedenen öffentlich-rechtlichen und privaten Sendern innerhalb dieses Mitgliedstaats ab.[207] Soweit es sich um solchen nationalen Wettbewerb handelt, liegt von vornherein keine Beeinträchtigung "in der Gemeinschaft" im Sinne des 2. Halbsatzes von Art. 92 Abs. 3 d) EGV vor.

Zusammenfassend geht der Sinn der Beeinträchtigungsklausel dahin, daß vor der Bejahung der Vereinbarkeit einer Kulturbeihilfe mit dem Gemeinsamen Markt eine Abwägung zwischen den Interessen des Mitgliedstaats an der Förderung seiner nationalen Kultur und dem Interesse der Gemeinschaft an der Aufrechterhaltung einer hinreichend wirksamen innergemeinschaftlichen Wettbewerbslage getroffen werden muß.[208] Dabei wäre es unrichtig, wie es gelegentlich geschieht, bei den Kulturbeihilfen eine "lupenrein unverfälschte" Wettbewerbslage zu fordern. Jede Beihilfe, die unter Art. 92 Abs. 1 EGV fällt, hat zunächst einmal einen gewissen wettbewerbsverfälschenden Charakter. Sinn der Prüfung im Rahmen des Art. 92 Abs. 3 d) ist lediglich, ob eine grundsätzlich wettbewerbsrelevante Beihilfe "in einem Maße" die Wettbewerbslage in der Gemeinschaft beeinträchtigt, daß die legitimen Kulturinteressen der Mitgliedstaaten gegenüber wirtschaftlichen Wettbewerbsgesichtspunkten zurückzutreten haben. Wie es oftmals mit etwas anderen Worten ausgedrückt wird, handelt es sich hier um die Prüfung der Verhältnismäßigkeit der Kulturbeihilfe im Hinblick auf ihre Vereinbarkeit mit den Wettbewerbserfor-

---

[207] Oben Teil 2, III, 1. Dies bestätigen auch *Selmer/Gersdorf* (Anm. 2), S. 80.

[208] *Geiger* (Anm. 205).

dernissen.[209] Das Verhältnismäßigkeitsprinzip ist seit langem in der Rechtsprechung des Gerichtshofs als ein allgemeiner Rechtsgrundsatz des Gemeinschaftsrechts anerkannt worden.[210] Erweist sich eine Kulturbeihilfe in diesem Sinne als verhältnismäßig, kann sie als mit dem Gemeinsamen Markt vereinbar angesehen werden.

2. Beeinträchtigen die deutschen Rundfunkgebühren in unverhältnismäßiger Weise den innergemeinschaftlichen Rundfunkwettbewerb?

Für die Prüfung der Verhältnismäßigkeit einer Maßnahme haben sich im Gemeinschaftsrecht ähnlich wie in nationalen Rechten feste Kriterien entwikkelt.[211] Es geht um die Beantwortung von drei Fragen.

Zunächst ist zu prüfen, ob die Finanzierung des deutschen öffentlich-rechtlichen Rundfunks durch Gebühren eine "geeignete" Maßnahme darstellt, um die verfassungsmäßig gebotene Grundversorgung der Bevölkerung mit unabhängigen, öffentlichen Rundfunkdiensten politisch/kultureller Art zu gewährleisten.

Zweitens ist zu untersuchen, ob die Gebührenfinanzierung zur Erreichung dieses Zieles "erforderlich" ist oder ob andere Finanzierungsmodalitäten zur Verfügung stünden, durch welche der innergemeinschaftliche Wettbewerb weniger beeinträchtigt würde.

Schließlich müßte die Gebührenfinanzierung ein "angemessenes" Instrument sein, um die Grundversorgung zu gewährleisten. Sie dürfte den innergemeinschaftlichen Wettbewerb zugunsten dieses Zieles nicht über Gebühr belasten ("Verhältnismäßigkeit im engeren Sinne").

---

[209] In diese Richtung geht seit längerem die Beihilfenprüfung in der Praxis der Europäischen Kommission, vgl. etwa *Caspari*, Subventions- und Antisubventionspolitik der EG, 1985, S. 81 ff.

[210] Jüngst etwa aus dieser ständigen Rechtsprechung EuGHE 1994, I-3681 ff. - RS C 359/92; allgemein *Grupp/Schäder*, Neue Tendenzen in der Rechtsprechung des EuGH zur Verhältnismäßigkeit, EWS 1993, S. 27 ff.

[211] Oben Anm. 210; zum deutschen Recht etwa *Maurer*, Allgemeines Verwaltungsrecht, 10. Aufl. 1995, S. 233 f.

a) Geeignetheit der Gebührenfinanzierung für die Rundfunk-Grundversorgung der Bevölkerung

Für das deutsche System der Finanzierung des öffentlich-rechtlichen Rundfunks gemäß dem Rundfunkstaatsvertrag 1996 ist, wie bereits dargestellt, wesentlich, daß die Gebühren den Anstalten zufließen, während eine Finanzierung privater Rundfunkveranstalter aus der Rundfunkgebühr unzulässig ist (§ 43 RStV).[212] Die Gebührenfinanzierung ist die Hauptfinanzierungsquelle des öffentlich-rechtlichen Rundfunks. Er wäre ohne sie wirtschaftlich nicht existenzfähig. Trotz einer gewissen Mitfinanzierung ("Mischfinanzierung") aus Werbung spielt dieser Finanzierungsteil für den öffentlich-rechtlichen Rundfunk in der Praxis eine immer geringere Rolle. Das liegt zum einen an den einschneidenden Werbebeschränkungen, denen der öffentlich-rechtliche Rundfunk insbesondere im Fernsehen nach § 15 RStV vor allem in der sog. Prime Time nach 20 Uhr unterworfen ist. Zum anderen haben die privaten Rundfunkveranstalter in Deutschland sich auf ein Programm konzentriert, welches unter Hintanstellung der gesellschaftspolitisch/kulturellen Elemente weitgehend ein Unterhaltungsprogramm ist, das sich an maximalen Einschaltquoten orientiert. Hierdurch ist es dem Privatfunk seit den achtziger Jahren gelungen, einen immer größeren Anteil der Werbeeinnahmen auf sich zu vereinigen und die Werbeeinkünfte des öffentlich-rechtlichen Rundfunks stark zu reduzieren.[213]

Vor diesem Hintergrund wird deutlich, daß die Finanzierung der Rundfunkanstalten aus Gebühren ein geeignetes Instrument darstellt, um ein öffentliches Rundfunkprogramm zu gewährleisten, welches kulturfördernd im Sinne des Art. 92 Abs. 3 d ist. Wie bereits gezeigt, ist die Kulturförderung in diesem Zusammenhang im Sinne des weiten deutschen Kulturbegriffs zu verstehen, also im Sinne der Darbietung einer umfassenden Rundfunkgrundversorgung für die gesamte Bevölkerung, welche Information, Bildung, künstlerische "Hochkultur" ebenso wie Unterhaltung und Sport im Sinne eines kohärenten und ausgewogenen Gesamtprogramms beinhaltet. Die spezifische Form der direkten Gebührenfinanzierung durch die Rundfunkteilnehmer schützt den öffentlich-rechtlichen Rundfunk in gleichem Maße vor staatlich-politischen Einflüssen wie vor privaten Abhängigkeiten. Sie versetzt die Anstalten in die Lage, ein von Wünschen der Politik, aber auch von der Werbewirtschaft und

---

[212] Oben Teil 1, I, 1.

[213] Vgl. die Zahlen oben Anm. 65.

damit von einem "Diktat der Einschaltquoten" unabhängiges Programm zu gestalten. Mit anderen Worten ist die Gebührenfinanzierung ein Garant der Rundfunkfreiheit der Anstalten und der in ihnen tätigen Rundfunkmitarbeiter (Journalisten, Künstler u.s.f.). Gleichzeitig soll diese Finanzierungsform dem öffentlich-rechtlichen Rundfunk die Erfüllung der inhaltlichen Breite des verfassungsmäßigen Grundversorgungsauftrags ermöglichen. Dies haben Bundesverfassungsgericht und Europäischer Gerichtshof gleichermaßen bestätigt.[214] Die Unabhängigkeit von einem "Diktat der Einschaltquoten" durch die Gebührenfinanzierung versetzt die Anstalten in die Lage, neben Programmteilen, die sich an ein breites Publikum wenden, in hinreichendem Maße auch unterschiedliche Minderheiten des Publikums mit einem für sie geeigneten Programm anzusprechen. Dazu gehören beispielsweise Programme für Kinder, Frauen, politisch besonders Interessierte, Kirchen, Ausländer, aber auch für jenes Segment des Publikums, welches an "hochkulturellen" Programmteilen interessiert ist.

In gleicher Weise gehört zu dem kulturgeprägten Grundversorgungsauftrag die objektive, gelegentlich auch durch Meinungsvielfalt objektivierte Information breiter Bevölkerungskreise in einem allgemeinpolitischen und gesellschaftspolitischen Sinne. Nicht zufällig spricht man bei diesem Teil des Programms, welches umfassende Information über das In- und Ausland und Beiträge zur politischen Meinungsbildung mittels Magazinen und Diskussionsrunden vermittelt, häufig von der "politischen Kultur", die in der demokratischen Gesellschaft u.a. durch die Massenmedien zu gewährleisten ist.[215] Auch für diese Programmteile, die angesichts des politischen Konkurrenzverhältnisses in einem offenen demokratischen Gemeinwesen der Gefahr sachfremder Beeinflussungen ausgesetzt sind, bildet die Gebührenfinanzierung ein nicht nur geeignetes, sondern geradezu unentbehrliches Rückgrat für die Unabhängigkeit der Programmgestaltung.

Nichts anderes gilt schließlich für die unterhaltenden Teile der Grundversorgung. Hier ist die Konkurrenzsituation mit privaten Rundfunkveranstaltern am stärksten, die sich weitgehend auf dieses Programmsegment konzentrieren. Gleichwohl ist in der Rechtsprechung anerkannt, daß Grundversorgung nicht eine "Mindestversorgung" darstellt, welche sich auf das "Anspruchsvolle" be-

---

[214] BVerfGE 73, 118 (158), st. Rspr.; EuGH 1993, I-487 ff. - RS C 148/91 - "Veronica".

[215] *Hoffmann-Riem* (Anm. 19), passim.

schränkt und unterhaltende Programme für breite Bevölkerungskreise außer Acht lassen dürfte.[216] Auch und gerade in diesen Programmteilen besteht für den öffentlich-rechtlichen Rundfunk ein kulturpolitischer Auftrag, Unterhaltung nicht um maximaler Einschaltquoten willen im trivialsten Sinne der Befriedigung fragwürdiger menschlicher Triebe mittels Elementen der Sensation, Gewalt o.ä. zu begreifen. Der öffentlich-rechtliche Rundfunk hat auch im Unterhaltungssegment mit einem "gehobenen Programm" gegenzusteuern, welches sich kulturpolitischen Ansprüchen verpflichtet fühlt. Im Sport äußert sich dies beispielsweise in dem Auftrag der Grundversorgung, sich nicht nur auf bestimmte "quotenträchtige" Sportarten im Programm zu konzentrieren, sondern dem jeweils interessierten Publikum zu ermöglichen, die gesamte Breite des Sports zu verfolgen. Auch für ein solches an kulturpolitischen Maßstäben orientiertes Unterhaltungsprogramm ist die stabile Gebührenfinanzierung das geeignete, ja notwendige Fundament. Nur durch die Befreiung von dem Zwang maximaler Zuschauerbeteiligung bei jeder einzelnen Sendung ermöglicht es die Darstellung der kulturellen Vielfalt, die dem Grundversorgungsauftrag entspricht.

Insgesamt gesehen, besteht an der "Eignung" der Gebührenfinanzierung des öffentlich-rechtlichen Rundfunks für die Förderung der Kultur im Sinne des Art. 92 Abs. 3 d) EGV kein vernünftiger Zweifel.

Auch von den Stimmen, die neuerdings der gebührenfinanzierten medialen Grundversorgung durch den öffentlich-rechtlichen Rundfunk in Deutschland kritisch gegenüberstehen, wird die Geeignetheit dieser Finanzierungsform für die Erfüllung der kulturgeprägten öffentlichen Rundfunkdienste nicht in Frage gestellt.[217] Diese Kritik versucht jedoch den Ausschluß des privaten Rundfunks vom Gebührenaufkommen gemäß § 43 RStV in Frage zu stellen. Sie sieht hierin eine - auch gemeinschaftsrechtlich relevante - Diskriminierung des privaten Rundfunks, der auf diese Weise gehindert würde, sich aus seinen ökonomischen Zwängen zu lösen und seinerseits mittels öffentlicher Finanzierung kulturelle Beiträge zu erbringen.

Es erübrigt sich, bereits an dieser Stelle auf dieses Argument näher einzugehen, welches aus juristischen und tatsächlichen Gründen nicht überzeugt.

---

[216] Insbesondere seit BVerfGE 74, 297 ff. st. Rspr.; zum folgenden auch *Mahrenholz*, Die gesellschaftliche Bedeutung des öffentlich-rechtlichen Rundfunks, ZUM 1995, S. 508 ff.

[217] *Selmer/Gersdorf* (Anm. 2), S. 74 ff.

Diese Kritik betrifft, genau gesehen, nämlich nicht die Eignung des deutschen Rundfunkfinanzierungssystems zur Kulturförderung, sondern seine "Erforderlichkeit" in dem Sinne der Frage, ob nicht ein anderes Finanzierungsverfahren denkbar wäre, welches den innergemeinschaftlichen Wettbewerb weniger beeinträchtigte. Als eine solche gemeinschaftsrechtlich angeblich gebotene Alternative wird von Selmer/Gersdorf ein "Zerlegungsmodell" entwickelt.[218] Nach ihm hätten öffentlich-rechtlicher und privater Rundfunk gleichermaßen Anspruch auf das Gebührenaufkommen zur Veranstaltung "kulturell anspruchsvoller, unter publizistischen Gesichtspunkten leistungsfähiger Rundfunkprogramme". Auf der anderen Seite würde der öffentlich-rechtliche Rundfunk verpflichtet, seine Sendungen "im massenattraktiven Programmsektor" ausschließlich aus Werbung zu finanzieren. Auf die Tauglichkeit dieses "Zerlegungsmodells" im Sinne einer gemeinschaftsrechtlich vorzugswürdigen Alternative zu der bestehenden deutschen Rundfunkfinanzierung ist im folgenden bei der Prüfung des Erforderlichkeitsgesichtspunktes einzugehen.

b) Erforderlichkeit der Gebührenfinanzierung für die Rundfunk-Grundversorgung der Bevölkerung

Um die Verhältnismäßigkeit der deutschen Rundfunkgebührenfinanzierung mit Blick auf die Erfordernisse des innergemeinschaftlichen Wettbewerbs zu bejahen, muß diese Finanzierungsform hierfür nicht nur geeignet, sondern darüber hinaus "erforderlich" in dem Sinne sein, daß nicht gemeinschaftsrechtlich vorzugswürdige "geeignetere" Alternativen nachweisbar sind.[219] Dabei liegen die Gesichtspunkte der Geeignetheit und Erforderlichkeit oft nahe beieinander, wie sich soeben bereits gezeigt hatte.

Wesentliche Gründe sind bereits angeklungen, aus denen ersichtlich wird, daß die Gebührenfinanzierung der Anstalten eine notwendige Voraussetzung dafür darstellt, daß die nach deutschem Verfassungsrecht gebotene Aufgabe einer umfassenden und stabilen Grundversorgung der Bevölkerung mit Rundfunkdiensten gewährleistet ist. Damit ein pluralistisches und ausgewogenes Programmangebot gesichert ist, bedarf es einer Finanzierungsart, die durch ihre Neutralität und Sicherheit die Unabhängigkeit des Rundfunkveranstalters

---

[218] S. 85 ff.

[219] Vgl. etwa die "Fromançais-Formel" in EuGHE 1983, 395 ff. - RS 66/82 und *Wenig* (Anm. 79), Art. 92 RdNr. 43.

garantiert, aber auch einer Einrichtung, welche gewährleistet, daß die Grundversorgungsaufgabe verläßlich durchgeführt wird. Für eine solche Inpflichtnahme ist die öffentlich-rechtliche Organisationsform der Rundfunkanstalten unerläßlich. Es kann nicht ausreichen, daß beispielsweise im Sinne des erwähnten "Zerlegungsmodells" privaten Veranstaltern durch Öffnung des Gebührenaufkommens die Möglichkeit geboten würde, bestimmte "kulturell hochwertige" o.ä. Sendungen ohne Wirtschaftlichkeitserwägungen darbieten zu können. Elemente der Grundversorgung können nicht ins Belieben von Rundfunkveranstaltern gestellt werden. Es bedarf vielmehr des öffentlich-rechtlichen Rundfunks als Garant der Aufgabenerfüllung, der hierfür auf das Gebührenaufkommen angewiesen ist. Gerichtshof und Kommission haben für die Notwendigkeit einer Fördermaßnahme als Voraussetzung ihrer Vereinbarkeit mit dem Gemeinsamen Markt verlangt, daß das begünstigte Unternehmen "nicht allein durch die Marktkräfte" zu dem durch die Beihilfe geförderten Verhalten bewegt wird.[220] In diesem Sinne läßt sich hier feststellen, daß nur die unabhängigkeitssichernde Gebührenfinanzierung, die einer verpflichtungsfähigen öffentlich-rechtlichen Einrichtung zufließt, die Erfüllung des Grundversorgungsauftrags voll und dauerhaft zu gewährleisten vermag.

Als zweites ist noch einmal daran zu erinnern, daß der Grundversorgungsauftrag ein umfassendes und in sich kohärentes und ausgewogenes Gesamtprogramm zum Gegenstand hat. In diesem Sinne spricht das deutsche Bundesverfassungsgericht öfters von einer "Gesamtveranstaltung" Rundfunk.[221]

In der Art und Weise der näheren Erfüllung dieses klassischen Rundfunkauftrags besteht für die Anstalten Programmautonomie als Ausprägung der in Art. 5 Abs. 1 GG enthaltenden Rundfunkfreiheit. In der Summe ihrer Veranstaltungen muß jedoch der Grundversorgungsauftrag erfüllt werden. Eine solche in Pflicht und Freiheit verbundene Aufgabe läßt sich wirtschaftlich nur verwirklichen, wenn ihr Träger auf einem gesicherten finanziellen Fundament steht. Der Grundversorgungsauftrag setzt Adressaten voraus, die durch die gefestigte Finanzierung die inhaltliche Breite und Vielfalt, aber auch die Vollständigkeit des Programms gewährleisten können. Auch hierfür ist die Gebührenfinanzierung der Anstalten unentbehrlich.

---

[220] EuGHE 1980, 2671 ff. (2690) - RS 730/79, "Philip Morris"; Entscheidung Kommission 89/305, ABl. 1989, L 123/52.

[221] Z.B. BVerfG v. 05.09.1988 - 1 BVR 1180/85, ZUM 1988, S. 532.

Gleiches gilt für die Garantie der hinreichenden Qualität des Gesamtprogramms. Es wurde bereits bei der Prüfung der Geeignetheit festgestellt, daß die kulturpolitische Motivierung das gesamte öffentlich-rechtliche Programm einschließlich des Unterhaltungssektors charakterisiert. Für die Erhaltung eines solchen qualitativen Standards des Programms bedarf es wiederum der Sicherheit der Gebührenfinanzierung, um nivellierende Zwänge eines "Diktats der Einschaltquoten" auszuschalten. In diesem Zusammenhang ist an die Auffassung des Gerichtshofs zu erinnern, der unter dem Aspekt der Sicherung eines bestimmten Qualitätsstandards im Rahmen der Kulturpolitik nationale Werbebegrenzungen im Rundfunk gerechtfertigt hat.[222] In vergleichbarer Weise machen die im Grundversorgungsauftrag enthaltenen Qualitätsanforderungen die Gebührenfinanzierung erforderlich.

Von einer gemeinschaftsrechtlich relevanten wettbewerblichen Diskriminierung privater Rundfunkveranstalter durch den Ausschluß von der Gebührenfinanzierung nach § 43 RStV kann deshalb nicht gesprochen werden, weil Gleichbehandlung stets eine Gleichheit in Rechten und Pflichten voraussetzt. Selbst wenn man es praktisch für möglich hielte -was nicht der Fall ist, wie noch zu zeigen sein wird - bestimmte "hochkulturelle" Sendungen privater Rundfunkveranstalter öffentlich zu finanzieren und den privaten Rundfunk in diesem Zusammenhang als sog. "beliehenen Unternehmer" zu behandeln,[223] wäre es nicht möglich, den Privaten die Gesamtheit der Pflichten aus dem Grundversorgungsauftrag aufzuerlegen. Wollte man dies tun, würde der private Rundfunk in einem Umfang öffentlich eingebunden, der die privatwirtschaftliche Betätigung so gut wie ausschlösse. Damit würde jedoch die Unterscheidung zwischen einem öffentlichen und einem privaten Rundfunksektor in der dualen Rundfunkordnung jeden Sinn verlieren. Solange aber nur die öffentlich-rechtlichen Rundfunkanstalten in ihrer Programmtätigkeit der Pflicht zur umfassenden Grundversorgung unterliegen, kann von einer gemeinschaftsrechtlich unzulässigen Diskriminierung nicht gesprochen werden.[224]

---

[222] Zuletzt EuGHE 1991, I-4007 ff. (4044) - RS C 288/89, "Mediawet"; EuGHE 1991, I-4069 ff. (4101) - RS C 353/89, "Kommission/Niederlande".

[223] Zu der Möglichkeit des deutschen Rechts, Private mit der Wahrnehmung einzelner öffentlicher Aufgaben zu betrauen, *Maurer*, Allgemeines Verwaltungsrecht, 10. Aufl. 1995, S. 574 ff.

[224] Daher fehlt es hier in den Voraussetzungen für die Anwendung eines Gebotes der Zulassung öffentlicher und privater Rundfunkveranstalter "zu gleichen Bedingungen" im Sinne von BVerfGE 74, 297 ff. (332).

Die ungeschmälerte Zuweisung des Gebührenaufkommens an die Anstalten erweist sich als ein erforderliches Element des deutschen Rundfunkfinanzierungssystems.

Es bleibt noch die Frage, ob die Erforderlichkeit der deutschen Rundfunkgebührenfinanzierung deswegen in Frage gestellt werden könnte, weil ein anderes gemeinschaftsrechtlich unter Wettbewerbsgesichtspunkten "geeigneteres" System denkbar wäre. In diesem Sinne haben Selmer/Gersdorf das bereits erwähnte "Zerlegungsmodell" vorgeschlagen.[225] Hiernach soll das Rundfunkprogramm in kulturell/publizistisch hochwertige Programmteile und in sonstiges Programm aufgeteilt werden. Art. 92 Abs. 3 d EGV würde nach dieser Auffassung lediglich die Finanzierung eines solchen "(Hoch)kulturprogrammes" erlauben, während die anderen Programmsegmente, insbesondere das massenattraktive Unterhaltungsprogramm aus Wettbewerbsgründen ausschließlich aus Werbeeinnahmen finanziert werden müssten. Die Wettbewerbsgleichheit zwischen öffentlichenrechtlichem und privatem Rundfunk im Sinne des Art. 92 EGV würde nach dieser Auslegung erfordern, daß die privaten Sender entgegen § 43 RStV am öffentlichen Gebührenaufkommen zu beteiligen wären, soweit sie derartige kulturelle Programmteile veranstalten. Im Gegenzug würde der öffentlich-rechtliche Rundfunk verpflichtet, Sendungen, die nach dieser Auslegung "nicht-kulturell" wären, ausschließlich aus Werbeeinnahmen zu finanzieren. Weiterhin müßten beim "Zerlegungsmodell" ebenso wie § 43 RStV die Werbebeschränkungen des öffentlich-rechtlichen Rundfunks gemäß § 15 RStV aus Gründen verfassungsrechtlicher Gleichstellung beseitigt werden. Im Ergebnis würde die Vision dieses Zerlegungsmodells zu einem "halb privaten" öffentlichen Rundfunk führen, dem ein "halb öffentlicher" Privatfunk gegenüberstünde.

Nach den hier bereits gefundenen Ergebnissen kann das Zerlegungsmodell nicht als eine gemeinschaftsrechtlich gegenüber der Gebührenfinanzierung des öffentlich-rechtlichen Rundfunks vorzugswürdige Alternative angesehen werden. Es erscheint sowohl aus juristischen als auch aus praktischen Gründen nicht durchführbar.

Rechtlich beruht das Zerlegungsmodell auf der Grundlage einer ungerechtfertigten Verengung des Kulturbegriffs in Art. 92 Abs. 3 d) EGV auf "Hochkultur" (High culture) im Sinne "hochwertiger" Veranstaltungen wie z.B. Theater, Oper, Kunst, Literatur u.ä. Demgegenüber wurde bereits nachge-

---

[225] Anm. 2, S. 85 ff.

wiesen, daß der Kulturbegriff in Art. 92 Abs. 3 d) nach nationalem - also hier: deutschem - Recht zu verstehen ist und daß die deutsche Staatspraxis einschließlich der Rechtsprechung seit geraumer Zeit von einer weiten Kulturvorstellung ausgeht, die mit der inhaltlichen Breite der geistigen Welt identisch ist.[226] Im Rundfunkbereich ist der Grundversorgungsauftrag, wie er vom Bundesverfassungsgericht entwickelt wurde, insgesamt als kulturgeprägt im Sinne des Art. 92 Abs. 3 d) EGV zu verstehen. Dies folgt u.a. aus der verfassungsrechtlichen Forderung an den öffentlich-rechtlichen Rundfunk, ein kohärentes und qualitativen Anforderungen unterworfenes Gesamtprogramm darzubieten, welches nicht einfach in einzelne Bestandteile "zerlegt" und beliebig auf öffentliche und private Träger verteilt werden kann. Sämtliche Teile des öffentlichen Rundfunkprogramms einschließlich des unterhaltenden Segmentes stehen unter einem kulturpolitischen Auftrag. Dieser stellt bestimmte Ansprüche an alle Programmsegmente, im Hinblick sowohl auf die Qualität wie auf die Breite des Programms. Nur durch die unabhängigkeitssichernde Gebührenfinanzierung läßt sich dieser Anspruch einlösen. Wenn im Sinne des "Zerlegungsmodells" der öffentlich-rechtliche Rundfunk gezwungen wäre, seinen Unterhaltungssektor wie der private Rundfunk ausschließlich aus Werbeeinnahmen zu finanzieren, würde beispielsweise das öffentlich-rechtliche Unterhaltungsprogramm in einem "gnadenlosen" Wettbewerb mit dem Privatfunk gezwungen sein, sich seinerseits voll dem "Diktat der Einschaltquoten" zu unterwerfen.[227] Die nivellierenden Konsequenzen im Sinne des notwendigen Verzichts auf die kulturpolitischen Anforderungen aus dem Grundversorgungsauftrag wären zwangsläufig.

An diesem Beispiel wird zugleich deutlich, daß das Zerlegungsmodell letztlich von der Hoffnung getragen wird, daß die verfassungsrechtlichen Maßstäbe, welche das Bundesverfassungsgericht in langjähriger Rechtsprechung für den kulturpolitischen Programmauftrag des deutschen öffentlich-rechtlichen Rundfunks entwickelt hat, von Art. 92 EGV aus wirtschaftlich/wettbewerblichen Gründen kraft des Vorrangs des Gemeinschaftsrechts verdrängt würden.[228]

---

[226] Oben Teil 3, I, 2.

[227] *Ress*, Kultursubventionen und Rundfunkfreiheit in der EU, in: Fechner/Oppermann/Prott (Hrsg.), Prinzipien des Kulturgüterschutzes, 1996, S. 123 ff. (143) spricht von einem "ruinösen Wettbewerb" zu Lasten des öffentlich-rechtlichen Rundfunks in diesem Falle.

[228] In einer auffallenden Wortwahl sprechen *Selmer/Gersdorf* (Anm. 2), S. 82 von

Gegen diese ökonomische Betrachtungsweise sind jedoch ebenfalls aus EG-rechtlichen Gesichtspunkten entscheidende Einwände zu erheben. Dabei steht der grundsätzliche Anwendungsvorrang des Gemeinschaftsrechts gegenüber nationalem Recht der verschiedenen Rangstufen aufgrund der ständigen Rechtsprechung des Gerichtshofs nicht in Frage.[229] Spätestens im Zusammenhang mit den Kompetenzerweiterungen zugunsten der EG/EU aufgrund des Maastrichter Unionsvertrags ist aber klargestellt worden, daß dieser Vorrang im Verhältnis zu wichtigen Aussagen nationalen Verfassungsrechts jeweils einer eindeutig gesicherten Grundlage bedarf. Ein Eingriff des europäischen Rechts in gesicherte Verfassungsstrukturen der Mitgliedstaaten stellt einen so außerordentlichen Vorgang dar, daß er nur bei einer Rechtslage tragbar erscheint, die über jeden Zweifel erhaben ist.[230]

Hiervon kann bei dem vom Zerlegungsmodell vorausgesetzten Vorrang des sich in Art. 92 EGV verkörpernden gemeinschaftsrechtlichen Wettbewerbsprinzips gegenüber dem ebenfalls in Art. 92 sowie in Art. 3 p und Art. 128 EGV enthaltenen Bekenntnis zur Entfaltung des Kulturlebens in den Mitgliedstaaten nicht gesprochen werden. Wie bereits erwähnt, respektiert der EGV den kulturellen Bereich in erster Linie als Betätigungsfeld der Mitgliedstaaten gemäß deren nationalen kulturpolitischen Vorstellungen.[231] Die Gemeinschaft ist ihrerseits im Rahmen ihrer verschiedenen Zuständigkeiten, u.a. bei der Wettbewerbspolitik, wie es Art. 128 Abs. 4 EGV ausdrückt, zum Mitbedenken der kulturellen Aspekte aufgerufen. Der Sinn des Beitrags der Gemeinschaft zur Kultur liegt dabei nach Art. 128 Abs. 1 EGV in Verbindung mit Art. F Abs. 1 EUV in der Entfaltung der Kulturen der Mitgliedstaaten unter Wahrung ihrer nationalen und regionalen Vielfalt als Teil der nationalen Identität. Auch die EG-Fernseh-Richtlinie von 1989 hat ausdrücklich anerkannt (Präambel Abs. 3, 7), daß in diesem Bereich die wirtschaftlichen Aspekte des Wettbewerbs und der Dienstleistungsfreiheit die allgemeinen und kulturellen Interessen nicht beschädigen dürfen. Art. 92 Abs. 3 d) EGV läßt erkennen,

---

einer "mit dem Mäntelchen des Verfassungsrechts kaschierten macht- und medienpolitisch motivierten Proklamation" (gemeint: die Rechtsprechung des Bundesverfassungsgerichts).

229 Seit EuGHE 1963, 1 ff. - RS 26/62 "Van Gend & Loos"; EuGHE 1964, 1251 ff. - RS 6/64 "Costa/ENEL" st. Rspr. Überblick bei *Oppenheimer*, The Relationship between European Community Law and National Law: The Cases, 1994.

230 Besonders betont von BVerfGE 89, 155 ff. (210) - "Maastricht".

231 *Slot* (Anm. 172), S. 5, 12.

daß sich diese gemeinschaftliche Förderungspflicht auch und gerade auf den Bereich der nationalen Kulturbeihilfen bezieht. Eine Verabsolutierung des Wettbewerbsprinzips unter einseitigem Eingriff in gewachsene Strukturen eines nationalen Systems wie der deutschen Art der Rundfunkfinanzierung würde dem Kulturförderungsgebot aus Art. 128 EGV unmittelbar zuwiderlaufen.[232] Aufgabe und Grenze der Anwendung des Wettbewerbsprinzips kann in diesen Zusammenhängen nur dahingehen, ernsthafte "Beeinträchtigungen" des innergemeinschaftlichen Wettbewerbs durch Kulturbeihilfen im Sinne des 2. Halbsatzes des Art. 92 Abs. 3 d) EGV zu vermeiden. Hierzu ist auch bei der hilfsweisen Prüfung der Hinweis unvermeidlich, daß die dem deutschen öffentlich-rechtlichen Rundfunk gewährten Gebühren gerade keinen Wettbewerbsvorteil darstellen, sondern die Anstalten lediglich befähigen, den ihnen nach Verfassung und Gesetz obliegenden Grundversorgungsauftrag auch im "hinkenden" Wettbewerb mit dem freier gestellten privaten Rundfunk durchzuführen.[233] Die Gebührenfinanzierung stellt keine "Beeinträchtigung" im Sinne des 2. Halbsatzes des Art. 92 Abs. 3 d) EGV dar, sondern den Ausgleich für die besonderen Pflichtigkeiten, welche dem öffentlich-rechtlichen Rundfunk aus den "Bepackungen" ihres umfassenden Auftrags erwachsen. Gemeinschaftsrechtlich findet das Wettbewerbsprinzip in außerwirtschaftlichen Bereichen wie demjenigen der Kultur seine Begrenzung aus deren spezifischen, im Vertrag zum Ausdruck gekommenen Maßstäben. In diesem Sinne hat die Generaldirektion IV der Kommission in ihrer Arbeitsunterlage von 1995 davon gesprochen, daß Kultur in der Europäischen Union "nicht ein Produkt wie jedes andere" sei. Es kann in diesem Zusammenhang auch daran erinnert werden, daß die Gemeinschaft in ihren handelspolitischen Verhandlungen 1993 beim Abschluß der GATT-Uruguay-Runde mit Entschiedenheit und Erfolg die Auffassung vertreten hat, daß audiovisuelle Dienstleistungen im Rahmen der weltweiten Liberalisierung des Dienstleistungshandels über das GATS einer schützenden Behandlung wegen ihres kulturellen Charakters bedurften ("kulturelle Ausnahme").[234] Diese bereichsspezifische Abwägung ist aus ver-

---

[232] Ähnlich *Ress* 1995 (Anm. 180), S. 616 ff.

[233] Oben Teil 2, III, 2.

[234] *Sander*, "Cultural Exception" in der WTO - eine Bereichsausnahme für audiovisuelle Medien, in: Dittmann/Fechner/Sander (Hrsg.): Der Rundfunkbegriff im Wandel der Medien, Berlin 1997, S. 177 ff.; *Kail*, L'exception culturelle, Les Temps modernes, Nr. 569/1993, S. 135 ff.; *De La Puente Garcia*, Los servicios audiovisuales en la ronda Uruguay, Revista de Economica 694/1994, S. 73 ff.; *Senti*, GATT/WTO, Die neue Welthandelsordnung nach der Uruguay-Runde 1994, S. 108 f.

gleichbaren Gründen bei der Beurteilung der Rundfunkfinanzierung unter wettbewerblichen Aspekten geboten.

Abschließend sei erwähnt, daß das Zerlegungsmodell auch unter praktischen Gesichtspunkten keine durchführbare Alternative zum jetzigen System der deutschen Gebührenfinanzierung darstellt. Selbst wenn man sich den unzulässig verengten "Hochkulturbegriff" bei Art. 92 Abs. 3 d) EGV zu eigen machen würde, stieße eine "Zerlegung" von kulturellen und nicht-kulturellen Programmteilen auf untragbare Schwierigkeiten in der Praxis. Wer sollte nach welchen Kriterien jeweils zuverlässig entscheiden, ob ein bestimmtes Theaterstück, eine Oper, eine Operette, ein Musical, ein bestimmtes Buch, eine Reportage u.s.f. eine hinreichende "kulturelle" Qualität aufweisen, um in das Privileg der Gebührenfinanzierung zu kommen?[235]

Eine hierfür zu schaffende "Beurteilungsbürokratie" stünde vor unlösbaren Schwierigkeiten. Gleichzeitig würden sich durch die Einmischung einer solchen Behörde in Programmfragen gravierende Probleme im Verhältnis zur Programmfreiheit des Rundfunks als dem Essentiale der Rundfunkfreiheit auf deutscher und europäischer Ebene ergeben.[236] Ebensowenig wäre es ein Ausweg, die Akzeptanz des Publikums zum Maßstab dafür zu nehmen, ob eine Sendung durch Gebühren oder Werbung zu finanzieren wäre. Ganz abgesehen davon, daß eine solche Messung der Reichweiten erst nach der Produktion der vorher bereits zu finanzierenden Sendung vorgenommen werden könnte, ist die Einschaltquote kein Indikator für die kulturelle Qualität des Programmteils. Ebenso wie es erfolgreiche "hochkulturelle" Sendungen gibt, können auch unterhaltende Programme des Massengeschmacks zu "Flops" werden. Im Ergebnis würde ein Zerlegungsmodell nicht zu einem "lupenreinen" Wettbewerb führen, sondern einer fragwürdigen Bürokratisierung des dualen

---

[235] In ähnlicher Weise betonen *Putnam, Hayes & Bartlett* (Anm. 4), S. 111 ff. die nicht lösbaren Schwierigkeiten bei einem Kostenvergleich zwischen öffentlich-rechtlichen Programmteilen mit Qualitätsverpflichtungen und privaten Konkurrenzsendungen: "This difficulty appears almost insurmountable" (S. 117).

[236] So das Bundesverfassungsgericht in st. Rspr., zuletzt BVerfGE 90, 87 ("Rundfunkfreiheit ist ... vor allem Programmfreiheit"). Dies gilt über Art. 10 EMRK i.V.m. Art. F Abs. 2 EUV auch auf gemeinschaftsrechtlicher Ebene, vgl. EuGHE 1991, I-4007 ff. (4043, RdNr. 23) - RS 288/89 - "Mediawet"; EuGHE 1991, I-4069 ff. (4097, RdNr. 30) - "Kommission/Niederlande". - Auch Art. 8 der EG-Fernseh-Richtlinie 1989 stützt sich auf das "allgemeine Prinzip" des Art. 10 EMRK. Vgl. auch *Astheimer*, Rundfunkfreiheit, ein europäisches Grundrecht. Eine Untersuchung zu Art. 10 EMRK, 1990.

Systems unter gleichzeitiger Verflachung wesentlicher Programmsegmente Vorschub leisten.

Letztlich wäre der Sinn eines Nebeneinanders von öffentlich-rechtlichem und privatem Rundfunk unter einer Regelung nicht mehr nachvollziehbar, welche die öffentlich-rechtlichen Anstalten bei wichtigen Teilen ihres Programms privatisierte, während umgekehrt der private Rundfunk zu seinem Teil nolens volens öffentliche Kulturaufgaben übernehmen sollte. In letzter Konsequenz müßte das Zerlegungsmodell die wegen des Grundversorgungsauftrags aufwendige Existenz eines öffentlich-rechtlichen Rundfunks in Deutschland überflüssig machen. Die Rundfunklandschaft würde durch private Sender charakterisiert, die für bestimmte Programme öffentlich beliehen wären und hierfür entsprechend finanziert würden. Eine solche Vision mag vom Standpunkt eines perfekten Wirtschaftsliberalismus her theoretisch entworfen werden.[237] Sie läßt jedoch das verfassungsrechtliche Verständnis von Rundfunk außer Acht, wie es sich in Jahrzehnten unter der deutschen Verfassung entwickelt hat. Nach ihm ist die stabile Gewährleistung eines an den verfassungsmäßigen Maßstäben politischer und geistiger Kultur ausgerichteten öffentlichen Rundfunkprogramms unverzichtbar. Die Europäische Gemeinschaft und Union respektieren ausweislich Art. F Abs. 1 und 128 EGV solche nationalen verfassungspolitischen und verfassungsrechtlichen Aufassungen. Hiermit wird der allmählichen Entwicklung der Europäischen Union von einer ausschließlichen Wirtschaftsgemeinschaft zu einer Politischen Union Rechnung getragen, in welcher Geist und Kultur gleichen Rang wie die Ökonomie beanspruchen.

Zusammenfassend ergibt die Prüfung der "Erforderlichkeit" der Gebührenfinanzierung für die Rundfunkgrundversorgung der deutschen Bevölkerung, daß diese Art der Finanzierung nicht nur einer gemeinschaftsrechtlich legitimen Kulturförderung dient, sondern auch ohne eine vorzugswürdigere Alternative ist. Die Gebührenfinanzierung ist mit anderen Worten notwendig, damit das im deutschen Grundgesetz enthaltene, von der EG geachtete kulturpolitische Ziel einer umfassenden und qualitativ angemessenen Versorgung der Bevölkerung mit öffentlichen Rundfunkdiensten erreicht wird.

---

[237] So z.B. die "ökonomische Sicht" bei *Engel* (Anm. 23), S. 245 ff.

c) Angemessenheit der Gebührenfinanzierung im Hinblick auf den Rundfunkwettbewerb in der Gemeinschaft

Abschließend ist die Frage nach der Angemessenheit der Gebührenfinanzierung gegenüber den Erfordernissen des innergemeinschaftlichen Wettbewerbs zu stellen (sog. "Verhältnismäßigkeit im engeren Sinne"). Auch eine legitime, geeignete und erforderliche Beihilfe darf in einer Gesamtabwägung den Wettbewerb nicht über Gebühr belasten und über das zur Erreichung ihres Ziels unerläßliche Maß hinausgehen. Die Kommission hat in diesem Zusammenhang verschiedentlich die Frage gestellt, ob Gefahr bestehe, daß durch die Beihilfe Schwierigkeiten von einem Mitgliedstaat in einen anderen verlagert würden.[238]

Nach den gefundenen Ergebnissen dürften an der Angemessenheit des Systems der deutschen Rundfunkgebührenfinanzierung in diesem Sinne keine vernünftigen Zweifel bestehen. Bei der hier zu treffenden Abwägung ist zunächst noch einmal daran zu erinnern, daß die sich aus der deutschen Verfassungsordnung ergebenden publizistisch/kulturpolitischen Gründe, die zur Einführung der Gebührenfinanzierung des öffentlich-rechtlichen Rundfunks im Interesse seiner Programmaufgaben führten, von ganz außerordentlichem Gewicht waren und sind. Durch die "Bürgerabgabe", welche unmittelbar vom Rundfunkteilnehmer an die Anstalten fließt, wird die Sicherung der Freiheit des öffentlich-rechtlichen Rundfunks in dem doppelten Sinne der "Staatsferne" und der "Wirtschaftsferne" erreicht. Die Gebührenfinanzierung dient damit entscheidend der Rundfunkfreiheit, welche sowohl nach deutschem Verfassungsrecht (Art. 5 Abs. 1 GG) als auch nach europäischem Recht (Art.10 Europäische Menschenrechtskonvention in Verbindung mit Art. F Abs. 2 EUV) einen Eckstein jeder Rundfunkordnung darstellt.[239]

Auf der anderen Seite war festzustellen, daß die im Sinne des Art. 92 Abs. 3 d) kulturfördernde deutsche Rundfunkfinanzierung die Wettbewerbslage in der Gemeinschaft im Sinne dieser Vorschrift nicht in einem Ausmaß, wenn überhaupt, beeinträchtigt, welches dem gemeinsamen Interesse zuwiderlaufen könnte. Eine gewisse Wettbewerbsrelevanz der Gebührenfinanzierung ist tolerabel, wenn tatbestandlich eine Beihilfe im Sinne des Art. 92 Abs. 1 EGV als

---

[238] Entscheidung Kommission ABl. 1969, L 220/1; vgl. auch *Wenig* (Anm. 83), Art. 92 RdNr. 44. Auch der EuGH betont in seiner "Fromançais-Formel" (oben Anm. 219) den Aspekt der Angemessenheit.

[239] Oben Anm. 236.

gegeben unterstellt wird. Ferner ist noch einmal hervorzuheben, daß in Art. 92 Abs. 3 d) EGV vor allem die zwischenstaatliche und nicht die nationale Wettbewerbslage angesprochen wird ("in der Gemeinschaft"). Bei der Untersuchung der Wettbewerbssituation auf den relevanten Rundfunkmärkten hatte sich gezeigt, daß der deutsche öffentlich-rechtliche Rundfunk in erster Linie mit den in Deutschland tätigen privaten Rundfunkveranstaltern im Wettbewerb steht.[240] Gleichzeitig ist zwar ein gewisser innergemeinschaftlicher Wettbewerb feststellbar, vor allem auf dem Programmbeschaffungs- und Programmverwertungsmarkt. Er tritt jedoch in der Bedeutung hinter den nationalen Wettbewerb zurück. Schließlich ist ein weiteres Mal darauf hinzuweisen, daß dieser Wettbewerb auf nationaler wie auf innergemeinschaftlicher Ebene für die deutschen öffentlich-rechtlichen Rundfunkanstalten ein "hinkender" in dem Sinne ist, daß den Anstalten durch die "Bepackungen" des Grundversorgungsauftrags sowie durch die im Interesse der privaten Sender im Rundfunkstaatsvertrag erlassenen Werbebeschränkungen Wettbewerbsnachteile entstehen, welche durch die Gebührenfinanzierung allenfalls ausgeglichen werden können, da diese in der Höhe als Gegenleistung für die Dienste der Grundversorgung "gedeckelt" ist.

Wägt man vor diesem Hintergrund das sich aus der deutschen Verfassungsordnung ergebende außerordentliche Interesse an der Existenz eines durch finanzielle Sicherheit leistungsfähigen öffentlichen Rundfunks mit der kaum feststellbaren Beeinträchtigung des innergemeinschaftlichen Wettbewerbs in dem vom 2. Halbsatz des Art. 92 Abs. 3 d) vorausgesetzten Ausmaß ab, können an der Angemessenheit der Gebührenfinanzierung und damit an ihrer Verhältnismäßigkeit keine Zweifel aufkommen.

III. Zum Ermessen der Europäischen Kommission im Sinne des Art. 92 Abs. 3 Satz 1 EGV bei der Förderung der Kultur

Als Letztes ist bei der hilfsweisen Untersuchung der deutschen Rundfunkgebührenfinanzierung als Kulturbeihilfe gemäß Art. 92 Abs. 3 d) EGV auf den Sinn und die Grenzen des Ermessens einzugehen, welches der Europäischen Kommission in diesem Zusammenhang bei ihrer Beihilfeaufsicht nach Art. 93 EGV eingeräumt ist. Art. 92 Abs. 3 Satz 1 EGV bestimmt, daß Kulturbeihilfen als mit dem Gemeinsamen Markt vereinbar angesehen werden "können".

---

[240] Oben Teil 2, III., 1.

Es stellt sich damit die Frage nach den Maßstäben, welche die Kommission in diesem Zusammenhang an die Ausübung ihres Ermessens gemeinschaftsrechtlich anzulegen hat.

Hierbei sind zunächst zwei allgemeine Gesichtspunkte zu beachten. Das Ermessen der Kommission ist nicht mit einer diskretionären Beliebigkeit ihrer Entscheidung zu verwechseln. Wie es Kommission und Gerichtshof seit längerem klargestellt haben, ist dieses Ermessen kein absolut freies, sondern ein pflichtgemäßes. Leitender Maßstab bei der Ausübung des Ermessens sind die grundsätzlichen Vertragsziele, wie sie in Art. 3 EGV niedergelegt sind.[241] Im Zusammenhang mit Kulturbeihilfen hat die Kommission sich daher gleichermaßen an der Herstellung eines unverfälschten Wettbewerbs im Binnenmarkt nach Art. 3 g) EGV und an dem Auftrag der Gemeinschaft zu orientieren, einen Beitrag zur Entfaltung des Kulturlebens in den Mitgliedstaaten zu erbringen, wie es Art. 3 p) EGV vorsieht.

Als Zweites muß bei der Ausübung des Kommissionsermessens in Art. 92 Abs. 3 Satz 1 EGV berücksichtigt werden, daß die verschiedenen Ausnahmetatbestände des Abs. 3 unterschiedlicher Natur und entsprechend differenziert ausformuliert worden sind. Während die Ausnahmen in a) bis c) vor allem wirtschaftlich geprägt sind und einen Ausgleich zwischen wettbewerblichen und regionalen bzw. sektoralen und strukturpolitischen Interessen ermöglichen sollen, zielt die Ausnahme der Kulturbeihilfen auf ein außerwirtschaftliches Gebiet, das nach Art. 128 EGV im wesentlichen in der Obhut der Mitgliedstaaten verbleiben soll. Auch dieser besondere Ansatz ist für die Ermessensausübung der Kommission von Bedeutung, wie sie selbst in ihrer von Anfang an positiven Haltung gegenüber Kulturbeihilfen zum Ausdruck gebracht hat. Allgemein gilt für die Ermessensausübung bei Art. 92 Abs. 3 EGV, daß die Kommission bei der Prüfung, ob die Beihilfe zur Verwirklichung eines der in a) - d) angesprochenen Ziele beiträgt, aus der Sicht der Gemeinschaft vorzugehen hat.[242] In dem besonderen Fall der Kulturbeihilfen, die sich auf

---

[241] EuGHE 1980, 2671 ff. - RS 730/79 "Philip Morris"; zur Kommissionspraxis *Wenig* (Anm. 83), Art. 92 RdNr. 39; *Slot* (Anm. 172), S. 22 ff.; *Geiger* (Anm. 205), Art. 92 RdNr. 22 und allgemein, von den Grenzen des Ermessens her gesehen, *Bleckmann*, Zum Ermessensmißbrauch im Europäischen Gemeinschaftsrecht, FS Kutscher 1981, S. 25 ff.; *Schockweiler*, La notion de détournement de pouvoir en droit communautaire, Actualité juridique de droit administratif 1990, S. 435 ff.

[242] EuGHE 1980, 2671 ff. (2690, RdNr. 16 f.) - RS 730/79 "Philip Morris"; *Rawlinson* (Anm. 45), Art. 92 RdNr. 28 m.w.N.

einen in der Verantwortung der Mitgliedstaaten befindlichen Bereich beziehen, ist damit der Gesichtspunkt maßgeblich, ob die finanzielle Maßnahme geeignet, erforderlich und angemessen ist, die Entfaltung der Kultur in dem betreffenden Mitgliedstaat zu fördern.

Die Vornahme der Verhältnismäßigkeitsprüfung, wie sie hier im Vorangehenden entwickelt wurde, ist - mit anderen Worten - ein notwendiger Bestandteil der Ermessensausübung der Kommission.

Führt diese Prüfung, wie es hier für die deutsche Rundfunkgebührenfinanzierung dargelegt worden ist, zu dem Ergebnis, daß die finanzielle Maßnahme einerseits der Förderung der Kultur dient und andererseits keine ernsthafte Beeinträchtigung des innergemeinschaftlichen Wettbewerbs darstellt, verengt sich der Ermessensspielraum der Kommission beträchtlich. Da die Förderung der Kultur nach Art. 3 p), 128 EGV ein erklärtes Ziel des Vertrags darstellt, ist kein vernünftiger Grund mehr ersichtlich, weshalb die Kommission eine nach den wettbewerblichen Gesichtspunkten unbedenkliche Kulturbeihilfe nicht genehmigen sollte.[243] Sie würde damit nur ihre schon vor Maastricht geübte verständnisvolle Haltung in Kulturfragen fortsetzen.

Im Ergebnis bestätigt sich daher die - hilfsweise - Legitimierung der Gebührenfinanzierung des deutschen öffentlich-rechtlichen Rundfunks als Kulturbeihilfe auch bei der Ausübung des pflichtgemäßen Ermessens der Europäischen Kommission gemäß Art. 92 Abs. 3 Satz 1 EGV.

---

[243] *Ress*, 1995 (Anm. 180), S. 602, spricht bei den Kulturbeihilfen von einer "Reduzierung des Ermessens der EG-Kommission auf Null" im Sinne der grundsätzlichen Zulässigkeit nationaler Kulturförderung". Nach *Slot* (Anm. 172), S. 24, sollte sich die Kommission bei der Ermessensausübung im Falle von Kulturbeihilfen darauf beschränken, "to weed out plans with a protectionistic slant".

Schlußbemerkung

Die Untersuchung der Finanzierung des öffentlich-rechtlichen Rundfunks durch Gebühren anhand der Maßstäbe des EG-Beihilferechts hat zu dem Ergebnis geführt, daß diese in Deutschland seit Jahrzehnten übliche Finanzierungsart keinen gemeinschaftsrechtlichen Bedenken unterliegt. Entscheidend war in diesem Zusammenhang vor allem die Erkenntnis, daß die Rundfunkgebühren tatbestandlich keine Beihilfen im Sinne des Art. 92 Abs. 1 EGV darstellen. Sie werden vor allem aufgrund der verfassungsrechtlichen Verpflichtung der deutschen Rundfunkanstalten zur umfassenden publizistisch/kulturellen Grundversorgung der Bevölkerung in der Form einer "Bürgerabgabe" erhoben, die unmittelbar vom Rundfunkteilnehmer an die Anstalten fließt. Das Gebührenaufkommen stellt neben der Finanzierung einiger anderer öffentlicher Rundfunkaufgaben vor allem das angemessene Entgelt für die Leistung der öffentlichen Rundfunkdienste im Sinne des Gesamtprogramms der Grundversorgung dar. Dieser klassische öffentliche Rundfunkauftrag begrenzt die Höhe der Gebühren ("Deckelung"). Das System der Gebührenerhebung ist in Deutschland durch eine Entscheidung des Bundesverfassungsgerichts von 1994[244] mittels der maßgeblichen Einschaltung einer unabhängigen Kommission (KEF) verschärfter öffentlicher Kontrolle unterworfen worden. Die Rundfunkanstalten müssen vor neuen Gebührenfestsetzungen die Verwendung der Mittel im Sinne des öffentlichen Rundfunkauftrags und die Beachtung der Gebote der Wirtschaftlichkeit und Sparsamkeit nachweisen. Ein subventionierender Charakter der Gebühren ist auf diese Weise ausgeschlossen. Ebensowenig verfälschen die deutschen Rundfunkgebühren den innergemeinschaftlichen Wettbewerb. Soweit überhaupt zwischenstaatlicher Wettbewerb im Rundfunksektor besteht, ist er zu Lasten des öffentlich-rechtlichen Rundfunks in Deutschland ein "hinkender". Der deutsche öffentlich-rechtliche Rundfunk ist sowohl durch die vielseitigen Programmverpflichtungen aus dem Grundversorgungsauftrag als auch durch einschneidende Werbebeschränkungen mit nicht-ökonomischen Verpflichtungen "bepackt", die sich wettbewerblich als Nachteile darstellen. Die Finanzierung aus dem Gebührenaufkommen gleicht

---

[244] BVerfGE 90, 60 ff.

ungefähr die Benachteiligung aus, die für die Anstalten im Verhältnis zur wirtschaftlich/gewinnorientierten Freiheit der privaten Rundfunkveranstalter besteht.

Selbst wenn man hilfsweise einen Beihilfecharakter der deutschen Rundfunkgebühren unterstellt, legt sich ihre Vereinbarkeit mit dem Gemeinsamen Markt als Beihilfen zur Förderung der Kultur eines Mitgliedstaates im Sinne des Art. 92 Abs. 3 d) EGV nahe. Die Rundfunkgebühren fördern in Erfüllung des Grundversorgungsauftrags gemäß der hier maßgeblichen nationalen Kulturvorstellung das politische und geistige Leben in Deutschland. Infolge ihres Entgeltcharakters ist keinerlei relevante Beeinträchtigung des innergemeinschaftlichen Wettbewerbs im Sinne des 2. Halbsatzes des Art. 92 Abs. 3 d) gegeben. Es läge daher im pflichtgemäßen Ermessen der Kommission, die Vereinbarkeit der Gebührenfinanzierung mit dem Gemeinsamen Markt festzustellen.

Das Hauptergebnis, daß die deutschen Rundfunkgebühren bereits mangels eines Beihilfecharakters dem grundsätzlichen Verbot des Art. 92 Abs. 1 EGV nicht unterfallen, entspricht ihrer bisherigen Behandlung innerhalb der Gemeinschaft. Obwohl das deutsche Rundfunkfinanzierungssystem schon beim Inkrafttreten des EWG-Vertrags 1958 bestand, hat die Kommission in Jahrzehnten keinen Anlaß gesehen, hier eine Beihilfeaufsicht im Sinne des Art. 93 EGV wahrzunehmen. Nach bekanntgewordenen Äußerungen im Zusammenhang mit Beschwerden aus anderen Mitgliedstaaten zu der dortigen Rechtslage versteht die Kommission den öffentlich-rechtlichen Rundfunk als Service public im Interesse des Gemeinwohls in ähnlicher Weise, wie es hier für Deutschland dargestellt worden ist. Dabei ist in einem übergreifenden gemeinschaftsrechtlichen Zusammenhang zu bedenken, daß Organisation und wirtschaftliche Existenzfähigkeit des öffentlich-rechtlichen Rundfunks angesichts seiner erstrangigen politisch/kulturellen Bedeutsamkeit zu den wesentlichen Strukturen innerhalb der Mitgliedstaaten gehören. Unabhängige und leistungsfähige Rundfunkanstalten sind ein wichtiger Bestandteil nationaler Identität eines Migliedstaates, dessen Regierungssystem auf demokratischen Grundsätzen beruht. Die Gemeinschaft respektiert dies nach Art. F Abs. 1 EUV bei der Verwirklichung des gemeinsamen europäischen Binnenmarkts für Rundfunkdienstleistungen. Das Vertragsziel des Art. 3 g) EGV, den Wettbewerb im Binnenmarkt zu schützen, ist mit dem Auftrag der Gemeinschaft gemäß Art. 3 p) EGV sensibel in Ausgleich zu bringen, einen Beitrag zur Entfaltung des Kulturlebens in den Mitgliedstaaten zu erbringen.

Auch und gerade in einer Zeit der fortschreitenden Vermehrung der Rundfunkveranstalter und Programme bleibt die Existenz eines leistungsfähigen öffentlich-rechtlichen Rundfunks aus der Sicht der deutschen Verfassung unentbehrlich.[245] Seit der zunehmenden Überflutung des Rundfunkmarktes mit Sendungen und Programmen unterschiedlichster Art und Standards ist die Aufgabe der Anstalten sogar noch gewachsen, mit einem an Qualitätsmaßstäben orientierten Programm "Medium und Faktor der öffentlichen Meinungsbildung" in einer demokratischen Gesellschaft zu sein.[246]

---

[245] *Eberle*, Öffentlich-rechtliches Fernsehen im digitalen Zeitalter, FS Kreile 1994, S. 167 ff.

[246] So seit BVerfGE 12, 205 ff. (260) die oftmals wiederholte Definition des deutschen Bundesverfassungsgerichts.

Zusammenfassung der Ergebnisse*

1. In Deutschland muß jede Person, die ein Rundfunkempfangsgerät bereithält, gemäß dem Rundfunkstaatsvertrag der deutschen Bundesländer Rundfunkgebühren bezahlen. Diese Gebühren fließen direkt den öffentlich-rechtlichen Rundfunkanstalten zu, soweit sie nicht für andere öffentliche Aufgaben bestimmt sind. Das Gebührenaufkommen ist die Hauptfinanzierungsquelle des öffentlich-rechtlichen Rundfunks. Die Werbefinanzierung der öffentlichen Rundfunkanstalten ist gesetzlich und durch Wettbewerb mit dem privaten Rundfunk stark eingeschränkt. Dieser finanziert sich aus Werbung. Eine Beteiligung des privaten Rundfunks am Gebührenaufkommen ist unzulässig (Teil 1, I. 1).

2. Das Gebührenaufkommen dient der Erfüllung der Gesamtheit der Aufgaben, die dem öffentlich-rechtlichen Rundfunk kraft Verfassung und Gesetz auferlegt sind. Die Erfüllung dieser öffentlichen Rundfunkdienste begrenzt die Höhe der Rundfunkgebühren. Um der Rundfunkfreiheit (Art. 5 Grundgesetz) willen wird die Höhe der Gebühren regelmäßig in einem "staatsfernen" Verfahren festgesetzt. Hierbei spielt das Votum einer unabhängigen "Kommission zur Ermittlung des Finanzbedarfs der Rundfunkanstalten" (KEF) eine entscheidende Rolle (Teil 1, I. 1).

3. Die deutsche Rundfunkgebühr ist nach ihrem Rechtscharakter eine Mischform. Neben Elementen der Anstaltsbenutzungsgebühr stellt sie vor allem den Hauptbeitrag zu den Gesamtkosten der Veranstaltung Rundfunk dar (Teil 1, I. 2).

4. Die Aufgabe des öffentlich-rechtlichen Rundfunks in Deutschland ist die "Grundversorgung der Bevölkerung mit Rundfunkdiensten". Ihre Erfüllung obliegt den Rundfunkanstalten als verfassungsrechtliche Pflicht um der Vielfalt der Meinungsbildung und kulturellen Entfaltung in einer demokratischen Gesellschaft willen. Mit Grundversorgung ist ein umfassender kulturpolitischer Programmauftrag gemeint. Er beinhaltet gleichermaßen In-

---

* Vorabdruck dieser Zusammenfassung in: ZUM 1996, S. 656 ff.

formation, Kunst und Unterhaltung im weitesten Sinne, ferner die notwendigen technisch/organisatorischen Voraussetzungen nach dem jeweiligen Stande der Technik (Bestands- und Entwicklungsgarantie). Die öffentliche Hand hat die Gebührenfinanzierung so zu regeln, daß der öffentlich-rechtliche Rundfunk die ihm auferlegte Grundversorgung gewährleisten kann. Die Rechtsprechung des Bundesverfassungsgerichts hat klargestellt, daß eine stabile Erfüllung des Grundversorgungsauftrags durch die Rundfunkanstalten die verfassungsrechtliche Voraussetzung für die Zulassung privaten Rundfunks in Deutschland darstellt. Dieser ist in der Gestaltung seines Programms vergleichbaren Pflichten nicht unterworfen (Teil 1, I. 3).

5. Rundfunk fällt im Rahmen der Herstellung des freien Dienstleistungsverkehrs in der Gemeinschaft (Art. 59 ff. EGV) sowie seit 1993 im Zusammenhang mit den Beiträgen der Gemeinschaft zur Entfaltung der Kulturen der Mitgliedstaaten unter Wahrung ihrer nationalen und regionalen Vielfalt (Art. 128 EGV) grundsätzlich in den Anwendungsbereich des EG-Vertrages. Wirtschaftliche Rundfunktätigkeit unterliegt der EG-Beihilfenaufsicht nach Art. 92 ff EGV, wie auch die Ausnahmeregelung für Beihilfen zur Förderung der Kultur (Art. 92 Abs. 3 d) EGV) erkennen läßt. Gemäß dem Prinzip der begrenzten Einzelermächtigung beschränkt sich die Gemeinschaftszuständigkeit auf die erwähnten Aspekte. Die Programmtätigkeit des Rundfunks, die Wesen und Schwerpunkt von Rundfunk ausmacht, ist grundsätzlich in der Obhut der Mitgliedstaaten, in Deutschland der Bundesländer, verblieben. Dies gilt auch und gerade für den Rundfunk als kulturelle Institution, wie an Art. 128 EGV abzulesen ist (Teil 1, II und Teil 2, I).

6. Eine nähere Prüfung des Art. 92 Abs. 1 EGV ergibt, daß die deutschen Rundfunkgebühren tatbestandlich keine "Beihilfen" im Sinne dieser Vorschrift sind.

   a) Die Gebühren stellen keine "Begünstigung" bestimmter Unternehmen oder Produktionszweige dar, was Kommission und Europäischer Gerichtshof als notwendiges Element des Beihilfebegriffs hervorgehoben haben. Da das Rundfunkgebührenaufkommen in seiner Höhe das angemessene Entgelt für die öffentliche Rundfunkdienstleistung der umfassenden Grundversorgung darstellt, kann von einer überkompensatorischen Begünstigung der Rundfunkanstalten nicht gesprochen werden. Tatsächlich kämpft der deutsche öffentlich-rechtliche Rundfunk seit Jahren mit der Bewältigung von Haushaltsdefiziten. Vor diesem Hintergrund könnte eher von einer

"Unterkompensation" der Grundversorgungskosten durch das Gebührenaufkommen gesprochen werden (Teil 2, II, 1. a) - b)).

b) Die Rundfunkgebühren sind auch deshalb keine Beihilfen im Sinne des Art. 92 Abs. 1 EGV, weil sie nicht von staatlicher Seite freiwillig gewährt werden. Das Bundesverfassungsgericht hat erläutert, daß die Gebührenfinanzierung des deutschen öffentlich-rechtlichen Rundfunks eine verfassungsrechtlich notwendige Konsequenz aus der Unabhängigkeit des öffentlich-rechtlichen Rundfunks vom Staat (Art. 5 GG - "Staatsferne") darstellt. Bei der Schaffung des Systems der Rundfunkgebührenfinanzierung fehlte es daher an der Freiheit der staatlichen gesetzgeberischen Disposition, wie sie für eine Beihilfe nach Art. 92 Abs. 1 EGV vorausgesetzt wird (Teil 2, II. 1, c)).

c) Ferner bestehen erhebliche Zweifel, ob die Rundfunkgebühren "aus staatlichen Mitteln" gewährt werden, wie es Art. 92 Abs. 1 EGV definiert. Nach dem natürlichen Wortsinn ist dies nicht der Fall. Die Gebühren belasten weder den staatlichen Haushalt unmittelbar, noch fließen staatliche Mittel indirekt über die Einschaltung einer öffentlichen oder privaten Einrichtung an die Rundfunkanstalten. Die deutschen Rundfunkgebühren sind eine direkte "Bürgerabgabe" des Rundfunkteilnehmers an die Anstalten, bei welcher der Staat lediglich seine Rechtsetzungsbefugnis einsetzt. Es erscheint sehr zweifelhaft, ob dies für eine "Gewährung aus staatlichen Mitteln" im Sinne der - unübersichtlichen - Gemeinschaftspraxis angenommen werden kann. Unter den Sinn dieser Regelung, nämlich zwangsweise gesteuerte öffentliche Abgaben mit zu erfassen, die innergemeinschaftliche Wettbewerbsverfälschungen verursachen, fällt die Erhebung der Rundfunkgebühren nicht. Das "staatsferne" Verfahren der Gebührenfestsetzung mit der unabhängigen KEF als wesentlicher Entscheidungsinstanz rückt die Rundfunkgebühren in die Nähe privater Leistungen, die nach feststehender europäischer Rechtsprechung nicht als staatliche Mittel angesehen werden (Teil 2, II. 2).

7. Da die Rundfunkgebühren tatbestandlich keine Beihilfen im Sinne des Art. 92 Abs. 1 EGV sind (vgl. oben Ziff. 6), kann man nicht sagen, daß die Anwendung der Beihilferegeln die Erfüllung der öffentlichen Rundfunkdienste durch die deutschen Rundfunkanstalten im Sinne des Art. 90 Abs. 2 EGV "rechtlich oder tatsächlich verhindern" würde. Zwar sind die deutschen Rundfunkanstalten bestimmte öffentliche Unternehmen nach Art. 90 Abs. 1 EGV, die im Sinne von Art. 90 Abs. 2 EGV mit Dienstleistungen von allgemeinem (auch) wirtschaftlichem Interesse betraut wurden. Art. 90

Abs. 2 EGV bleibt im Rundfunkbereich auch nach Einfügung der "Kulturklausel" des Art. 92 Abs. 3 d) EGV grundsätzlich als generelle Ausnahme anwendbar. Die Prüfung der Wettbewerbsregeln des Vertrags auf die deutschen Rundfunkgebühren führt jedoch mangels ihres Beihilfecharakters zu dem Ergebnis, daß hier kein Anlaß zur inhaltlichen Anwendung dieser Regeln besteht. Art. 90 Abs. 2 EGV hindert somit nicht die Anwendung der Art. 92 ff. EGV auf den vorliegenden Sachverhalt. Er ändert aber auch nichts an dem bereits gefundenen Ergebnis, daß keine Beihilfe vorliegt (Teil 2, II. 3 - 4).

8. Die Finanzierung des deutschen öffentlich-rechtlichen Rundfunks durch Gebühren verfälscht nicht aktuell oder potentiell den innergemeinschaftlichen Wettbewerb im Sinne von Art. 92 Abs. 1 EGV.

a) Auf den verschiedenen relevanten Rundfunkmärkten besteht eine unterschiedliche und insgesamt begrenzte innergemeinschaftliche Wettbewerbslage. Auf dem Programm-Markt liegt der Schwerpunkt des Wettbewerbs im deutschen Markt zwischen öffentlich-rechtlichem und privatem Rundfunk. Dieser Wettbewerb ist zudem ein "hinkender" zu Lasten der öffentlich-rechtlichen Rundfunkanstalten, da diese stets den qualitativen und Vielfaltsgeboten des Grundversorgungsauftrags sowie Werbebeschränkungen unterworfen sind. Das Wettbewerbsverhältnis auf dem Programm-Markt ist nur publizistisch allgemein. Wirtschaftlich beschränkt es sich auf die begrenzten Zeiten, zu denen der öffentlich-rechtliche Rundfunk werben darf. Aus denselben Gründen ist der Wettbewerb auf dem Werbemarkt eingegrenzt, da dem öffentlich-rechtlichen Rundfunk nur ein Teil dieses Markts eröffnet ist. Der werbliche Wettbewerb spielt sich seinerseits hauptsächlich national ab. Auch zu Zeiten mit Werbemöglichkeiten ist der öffentlich-rechtliche Rundfunk an die Standards des Grundversorgungsauftrags gebunden und darf nicht ungehemmt "auf Quote setzen". Auf dem Programmbeschaffungsmarkt besteht stärkerer innergemeinschaftlicher und internationaler Wettbewerb (u.a. Film- und Sportrechte). Der öffentlich-rechtliche Rundfunk befindet sich hier in einer benachteiligten Wettbewerbslage, da er seine Finanzmittel gemäß den Vielfaltsanforderungen des Grundversorgungsauftrags "splitten" muß und ihm daher beim Wettbewerb um massenattraktive Rechte finanzielle Grenzen gesetzt sind. Auch auf dem Programmverwertungsmarkt besteht bis zu einem gewissen Grade innergemeinschaftlicher und internationaler Wettbewerb. (Teil 2, III, 1).

b) Angesichts des "hinkenden Wettbewerbs" zwischen dem deutschen öffentlich-rechtlichen Rundfunk und seinen Konkurrenten in Deutschland und der Gemeinschaft kann von einer Verfälschung dieses Wettbewerbs durch die Rundfunkgebühren nicht gesprochen werden. Die Prüfung der tatsächlichen heutigen Marktlage im Sinne der Rechtsprechung des Europäischen Gerichtshofs ergibt keine künstliche Beeinträchtigung der Marktbedingungen durch eine Begünstigung der öffentlich-rechtlichen Rundfunkanstalten. Im Gegenteil wird der öffentlich-rechtliche Rundfunk erst durch die Gebührenfinanzierung in die Lage versetzt, seinen gesetzlichen Grundversorgungsauftrag zu erfüllen und sich dabei trotz der bestehenden Wettbewerbsnachteile am Markt zu behaupten. Aus denselben Gründen erfolgt durch die Gebührenfinanzierung keine Beeinträchtigung des Handels zwischen den Mitgliedstaaten im Sinne einer künstlichen Erschwerung beziehungsweise Erleichterung des grenzüberschreitenden Rechtehandels. Die deutschen Rundfunkanstalten verfügen hierbei über keinen unverdienten Kostenvorteil. Das Gebührenaufkommen ermöglicht ihnen lediglich, trotz der "Bepackungen" des Grundversorgungsauftrags einschließlich der Werbebeschränkungen an diesem Handel einigermaßen gleichberechtigt teilzunehmen (Teil 2, III. 2-3).

9. Die Europäische Kommission hat in ihrer Beihilfeaufsicht nach Art. 93 EGV seit 1958 keinen Anlaß gesehen, das bekannte System der Rundfunkfinanzierung in Deutschland als bestehende Beihilfe nach Art. 93 Abs. 1 EGV in Zusammenarbeit mit Deutschland zu überprüfen. Dies gilt auch für die Zeit seit Mitte der achtziger Jahre, in der in Deutschland eine duale Rundfunkordnung mit einem öffentlich-rechtlichen und privaten Sektor entstand und in der die Gemeinschaft einen Gemeinsamen Markt für Rundfunkdienstleistungen zu entwickeln begann. Mehrfach wurde seitens der Gemeinschaft der besondere Charakter öffentlich-rechtlichen Rundfunks als "Service public" im Interesse des Gemeinwohls anerkannt (Teil 2, IV.).

10. In allen Mitgliedstaaten der Gemeinschaft ist die öffentliche Verantwortung des Rundfunks anerkannt. In Deutschland hat das Bundesverfassungsgericht in ständiger Rechtsprechung die politische Bedeutsamkeit eines unabhängigen öffentlich-rechtlichen Rundfunks für die Wahrung der Grundfreiheiten der demokratischen Verfassungsordnung betont. Hierfür ist eine "staatsferne" Form der Finanzierung eine notwendige Voraussetzung. Im Sinne der europäischen Verträge ist die deutsche Rundfunkordnung - wie diejenige anderer Mitgliedstaaten - ein Stück der nationalen Identität der Bundesrepublik Deutschland, welche die Europäische Union nach Art. F Abs. 1 EUV achtet. Gleichzeitig ist der Rundfunk als eine kul-

turelle Institution Bestandteil der jeweiligen nationalen Kultur des Mitgliedstaates. Die Gemeinschaft fördert diese Kulturen in ihrer nationalen und regionalen Vielfalt gemäß Art. 3 p), 128 EGV. Diese grundlegenden Positionsbestimmungen der Verträge sind für die sinngemäße Auslegung des Gemeinschaftsrechts in Rundfunkfragen bedeutsam (Teil 2, V.).

11. Selbst wenn man (entgegen oben Ziff. 6-8) die deutschen Rundfunkgebühren tatbestandlich als Beihilfen im Sinne von Art. 92 Abs. 1 EGV betrachten würde, wären sie als Beihilfen zur Förderung der Kultur anzusehen, die nach Art. 92 Abs. 3 d) EGV als mit dem Gemeinsamen Markt vereinbar angesehen werden können.

a) "Kultur" im Sinne des Art. 92 Abs. 3 d) EGV bezieht sich auf die nationale Kultur des Mitgliedstaates, in dem die Beihilfe gewährt wird. Eine Kulturbeihilfe charakterisiert sich im Rahmen gemeinschaftsrechtlicher Konturen wesentlich gemäß dem kulturellen Vorstellungsbild des jeweiligen Mitgliedstaates. Auch ein Blick auf das Subsidiaritätsprinzip des Art. 3 b) EGV führt zu diesem Verständnis.

In der deutschen Staatspraxis der letzten Jahrzehnte ist der erweiterte Kulturbegriff vorherrschend geworden. Er beschränkt sich nicht auf künstlerische "Hochkultur" ("High culture"), sondern ist eine übergreifende Definition für die geistige Sphäre in ihrer Gesamtheit ("Kulturstaat", "Kulturhoheit" u.a.m.). Das Bundesverfassungsgericht begreift in seiner Rechtsprechung den Rundfunk insgesamt als eine kulturelle Institution.

Die Rundfunk-Grundversorgung der Bevölkerung durch den öffentlich-rechtlichen Rundfunk stellt in diesem Zusammenhang einen kulturpolitischen Auftrag dar, der nicht nur im Kunstbereich, sondern gleichermaßen bei Information und Unterhaltung Maßstäbe setzt, die zur Gewährleistung politischer und geistiger Kultur in einem umfassenden Sinne verpflichten. In diesem Sinne wäre die Gebührenfinanzierung des öffentlich-rechtlichen Rundfunks, wenn man sie als Beihilfe begreifen wollte, als Finanzierung der Gesamtveranstaltung öffentlich-rechtlicher Rundfunk eine Maßnahme "zur Förderung der Kultur" im Sinne von Art. 92 Abs. 3 d) EGV (Teil 3, I.).

b) Als Kulturbeihilfe würden die deutschen Rundfunkgebühren die Handels- und Wettbewerbsbedingungen in der Gemeinschaft nicht in einem Maße beeinträchtigen, das dem gemeinsamen Interesse zuwiderläuft (Art. 92 Abs. 3 d) 2. Halbsatz EGV). Wägt man die Interessen Deutschlands an der Förderung seiner Kultur im Rundfunkbereich mit dem Interesse der

Gemeinschaft an einem wirksamen innergemeinschaftlichen Wettbewerb ab, erweist sich das System der Finanzierung des deutschen öffentlich-rechtlichen Rundfunks als eine gemeinschaftsrechtlich verhältnismäßige Einwirkung auf die Wettbewerbslage in der Gemeinschaft. - Die Gebührenfinanzierung ist ein geeignetes Instrument, um in Deutschland kulturfördernd eine umfassende Grundversorgung der Bevölkerung mit öffentlichen Rundfunkdiensten zu gewährleisten. - Sie ist hierfür auch erforderlich, da eine gemeinschaftsrechtlich vorzugswürdigere "geeignetere" Alternative nicht zur Verfügung steht. Eine "Zerlegung" des Rundfunkprogramms in gebührenfinanzierte "(hoch)kulturelle" und werbefinanzierte sonstige Programmelemente ist rechtlich und tatsächlich ausgeschlossen. Rechtlich steht das gesamte öffentlich-rechtliche Programm im Sinne des Grundversorgungsauftrags unter einem kulturpolitischen Auftrag. Die Qualitätssicherung erfordert für alle Programmteile die Gebührenfinanzierung. Qualitative Programmbewertungen durch behördliche Stellen im Sinne einer "Programmzerlegung" würden die Rundfunkfreiheit beeinträchtigen und praktisch in unlösbare Schwierigkeiten führen. Letztlich würde ein "Zerlegungsmodell" entgegen der deutschen Verfassungslage die Existenz des öffentlich-rechtlichen Rundfunks antasten und entgegen Art. 128 EGV die Kultur verflachen, statt sie zu fördern. - Die Gebührenfinanzierung der deutschen Rundfunkanstalten ist schließlich ein angemessenes System. Bei der Abwägung zwischen den außerordentlichen kulturpolitischen Interessen, die der Gebührenfinanzierung zugrundeliegen, mit einer allenfalls geringfügigen Beeinträchtigung innergemeinschaftlichen Rundfunkwettbewerbs fällt der Kulturförderungsauftrag der Gemeinschaft im Sinne von Art. 3 p, 128 EGV stärker ins Gewicht (Teil 3, II).

12. Infolge der eben in Ziff. 11 geschilderten Abwägung verengt sich das Ermessen der Europäischen Kommission im Sinne von Art. 92 Abs. 3 Satz 1 EGV bei der Beurteilung der Vereinbarkeit einer Kulturbeihilfe mit dem Gemeinsamen Markt. Wenn sich ergeben hat, daß eine Kulturbeihilfe keine ernsthafte Beeinträchtigung des innergemeinschaftlichen Wettbewerbs darstellt, ist angesichts des Kulturförderungsauftrages der Gemeinschaft kein vernünftiger Grund mehr ersichtlich, eine solche Beihilfe nicht zu genehmigen (Teil 3, III).

German Broadcasting Licence Fees and the State Aid Provisions of the EC-Treaty

Summary of the Results

1. In Germany, anyone possessing functioning equipment for receiving broadcasts must pay licence fees in accordance with the State Broadcasting Treaty concluded among the Federal German Laender. These fees accrue directly to the public broadcasting corporations, except where they are earmarked for other public tasks. The revenue from licence fees is the principal source of income for public broadcasting. The possibility of financing public broadcasting from advertising revenue is severely restricted by statute and by competition from private broadcasters. The latter are financed by advertising. It is not permissible for private broadcasters to share in the licence fee revenue (Part 1, I. 1).

2. The licence fee revenue is used to perform all the tasks imposed on public broadcasting by the constitution and by statute. The performance of these public broadcasting services is limited by the level of the licence fees. In order to safeguard the freedom of broadcasting (Article 5 of the Basic Law, the German constitution), the amount of the licence fee is fixed at regular intervals in a process "at arm's length from the state". In this respect, the opinion of an independent "Commission for Determining the Financial Requirements of the Broadcasting Corporations" (German acronym: KEF) plays a decisive rôle (Part 1, I. 1).

3. The German broadcasting licence fee is a mixed form in terms of its legal nature. In addition to elements of a licence fee for using the a broadcaster's services, it is above all the principal contribution to the overall costs of organising broadcasting (Part 1, I. 2).

4. The tasks of public broadcasting in Germany consist in "providing the population with basic broadcasting services". It is the constitutional duty of the broadcasting corporations to perform this task in the interests of preserving variety in opinion-forming and cultural development in a democratic society. "Providing basic services" means a comprehensive range

of programmes for the purposes of cultural and educational policy. It comprises information, art and entertainment in the broadest sense of the word, and also the necessary technological and organisational requirements in line with the state of the art at any particular time (safeguarding existing standards and development). The public authorities must organise the financing via licence fees in such a way that public broadcasting is able to guarantee the provision of basic services in accordance with its constitutional duty. The case law of the Federal Constitutional Court has made it clear that one constitutional prerequisite for permitting private broadcasting in Germany is that the ability of the public broadcasters to fulfil their obligation to provide basic services must remain stable. Private broadcasters are not subject to comparable obligations in their programming (Part 1, I. 3).

5. In the context of creating a free trade in services in the Community (EC Treaty Arts. 59 ff.) and, since 1993, in connection with the Community's contributions to developing the cultures of the Member States, while preserving their national and regional diversity (EC Treaty Art. 128), broadcasting in principle comes within the purview of the EC Treaty. Commercial broadcasting activities are subject to the EC supervision of aid under EC Treaty Arts. 92 ff., as is indicated by the regulations on exceptions regarding aid to promote culture (EC Treaty Art. 92, para. 3 d)). In accordance with the principle of limited authorisation for individual cases, the competence of the Community is restricted to the aspects mentioned. The programming activity, which is the very essence and focal point of broadcasting, has remained under the auspices of the Member States as a matter of principle, or the Federal Laender in the case of Germany. This also applies to broadcasting in particular as a cultural institution, as can be seen from EC Treaty Art. 128 (Part 1, II and Part 2, I).

6. A closer examination of EC Treaty Art. 92, para. 1 shows that, according to the facts of the situation, the German licence fees are not "aids" for the purposes of this provision.

   a) The licence fees do not constitute a means of "favouring" certain enterprises or certain productions, which the Commission and European Court of Justice have emphasised as a necessary element in the definition of aid. Since the amount of the revenue from licence fees constitutes a reasonable remuneration for the comprehensive provision of basic public broadcasting services, there can be no question of favouring the public broadcasters by means of excessive compensation. In fact, the German public broadcasting corporations have been struggling for years to tackle budget deficits. Against this background, it would be more justifiable to talk of "under-compensation" of the costs of providing basic services by the revenue from licence fees (Part 2, II. 1. a) - b)).

b) Another reason why the broadcasting licence fees are not aids for the purposes of EC Treaty Art. 92, para. 1 is that they are not granted voluntarily by the state authorities. The Federal Constitutional Court has explained that the financing of German public broadcasting from licence fees is a constitutionally necessary consequence of the independence of public broadcasting from the state (Basic Law Art. 5 - "Remoteness from the State"). When the system of financing by licence fees was created, the state legislative authorities were not free to choose, which is an essential prerequisite of aid under EC Treaty Art. 92, para. 1 (Part 2, II. 1. c)).

c) Furthermore, it is open to considerable doubt whether the licence fees are granted "from State resources", as defined by EC Treaty Art. 92, para. 1. On the basis of the natural literal meaning, that is not the case. Neither do the fees impose a direct burden on the state budget, nor do state funds flow indirectly to the broadcasting corporations via the interpolation of a public or private facility. The German broadcasting licence fees are a direct "civic charge" payable by the licence holder to the corporations, with the state merely exercising its law-making powers. It therefore appears very doubtful whether this can be assumed to constitute "providing from State resources", for the purposes of the - albeit somewhat unclear - Community practice in this respect. Levying broadcasting licence fees is not encompassed by the purpose of this regulation, namely also to cover public charges which are controlled on a compulsory basis and which cause a distortion of competition within the Community. The method of fixing the licence fees "at arm's length from the state", with the independent KEF as the decisive decision-making instance, makes the licence fees comparable to private payments, which are not regarded as State resources, according to established European case law (Part 2, II. 2).

7. Since the facts of the situation show that broadcasting licence fees are not aids for the purposes of EC Treaty Art. 92, para. 1 (cf. item 6 supra), it can be said that applying the rules on aid would constitute an "obstruction in law or in fact" for the purposes of EC Treaty Art. 90, para. 2 to the implementation of public broadcasting services by the German broadcasting corporations. While the German public broadcasters are certain

public undertakings according to EC Treaty Art. 90, para. 1, which are entrusted with the operation of services of general (also) economic interest for the purposes of EC Treaty Art. 90, para. 2, EC Treaty Art. 90, para. 2 nevertheless remains fundamentally applicable as a general exception in the broadcasting sector, even after the insertion of the "culture clause" of EC Treaty Art. 92, para. 3 d). Examining the Treaty's competition rules regarding their applicability to the German broadcasting licence fees nevertheless leads to the conclusion, since they do not have the character of aid, that there is no cause in this connection to apply the content of these rules. EC Treaty Art. 90, para. 2 thus does not prevent the application of EC Treaty Arts. 92 ff. to the facts of the present situation. Nor does it alter the conclusion already arrived at, however, namely that this is not a case of aid (Part 2, II. 3 - 4).

8. Financing German public broadcasting from licence fees does not currently or potentially distort competition within the Community for the purposes of EC Treaty Art. 92, para. 1.

   a) The competition situation within the Community in the various relevant broadcasting markets is varied and is on the whole limited. In the programming market, the competition on the German market is concentrated between public and private broadcasting. What is more, this competition "limps" to the detriment of the public broadcasters, since they are always subject to the requirements of their mandate to provide the basic services in terms of quality and diversity and to the restrictions on advertising. The competitive relationship on the programming market is only general in the journalistic sense. In commercial respects, it is limited to the restricted times at which public broadcasters are allowed to advertise. For the same reasons, competition on the advertising market is restricted, since only a part of that market is open to public broadcasting. The advertising competition, for its part, takes place mainly on the national level. Even at times when advertising is possible, public broadcasting is still bound by the standards of the mandate to provide basic services and cannot "go all out for the ratings". On the programme procurement market, there is more powerful competition within the Community and internationally (including film and sporting rights, inter alia). Public broadcasting is at a disadvantage in the competitive situation in this respect, because, in accordance with the requirements of the mandate to provide basic services regarding diversity, it must "split" its funds and is therefore subject to financial limits in the competition for rights with mass attraction. There is also a certain amount of intra-Community and international competition on the programme exploitation market (Part 2, III. 1).

b) In view of the "limping competition" between German public broadcasting and its competitors in Germany and the Community, there can be no question of distorting this competition by means of the licence fees. When the actual present-day market situation is examined in the light of the case law of the European Court of Justice, there is no artificial impairment of the market conditions by favouring the public broadcasting corporations. On the contrary, it is only the financing via licence fees that enables public broadcasting to perform its statutory obligation to provide basic services and to maintain its position on the market in the process, despite the existing competitive disadvantages. For the same reasons, financing via licence fees does not mean that trade between Member States is adversely affected in the sense of artificially impairing or facilitating the cross-border trade in rights. The German public broadcasters do not enjoy any undeserved cost advantages in this respect. The revenue from licence fees merely enables them to take part in this trade on a more or less equal basis despite the "loading" of the obligation to provide basic services, including the restrictions on competition (Part 2, III. 2 - 3).

9. In its review of aid under EC Treaty Art. 93, the European Commission has seen no reason since 1958 to investigate the known system of financing broadcasting in Germany as existing aid under EC Treaty Art. 93, para. 1, in co-operation with Germany. This also applies to the time since the mid-eighties, in which a dual broadcasting system has come about in Germany, with a public and private sector, and in which a Common Market for broadcasting services has begun to develop in the Community. On a number of occasions, the Community has recognised the special nature of public broadcasting as a "public service" in the interests of the common good (Part 2, IV.).

10. Public responsibility for broadcasting is recognised in all the Member States of the Community. In Germany, the consistent practice of the Federal Constitutional Court has emphasised the political importance of independent public broadcasting for the preservation of fundamental freedoms in a democratic constitutional system. A form of financing "at arm's length from the state" is a necessary prerequisite here. For the purposes of the European Treaties, the German broadcasting system - like that of other Member States - is a piece of the national identity of the Federal Republic of Germany, which the European Union respects under European Union

Treaty Art. F, para. 1. At the same time, broadcasting, as a cultural institution, is a part of the national culture of the Member State concerned. The Community promotes these cultures in their national and regional diversity in accordance with EC Treaty Arts. 3 (p) and 128. This fundamental adoption of positions in the Treaties is important for the interpretation of Community law, mutatis mutandis, in broadcasting matters (Part 2, V.).

11. Even if (contrary to items 6 - 8 supra) the German broadcasting licence fees were to be regarded, according to the facts of the situation, as aids for the purposes of EC Treaty Art. 92, para. 1, they would have to be regarded as aids for the promotion of culture, which, under EC Treaty Art. 92, para. 3 d) can be regarded as compatible with the Common Market.

a) "Culture" within the meaning of EC Treaty Art. 92, para. 3 d) relates to the national culture of the Member State in which the aid is granted. A cultural aid is essential characterised, within the framework of the contours of Community law, in accordance with the cultural image envisaged by the Member State concerned. A glance at the principle of subsidiarity in EC Treaty Art. 3 b) likewise leads to this understanding.

In German state practice over the last decades, the extended definition of culture has predominated. It is not restricted to artistic "high culture", but is an umbrella definition for the totality of the intellectual sphere ("cultural state", "cultural sovereignty", to quote two terms among many). In its case law, the Federal Court of Justice understands broadcasting as a whole as a cultural institution.

The provision of basic broadcasting services for the population by public broadcasters constitutes a task of cultural policy in this connection, which sets standards not only in the artistic sphere, but equally in relation to information and entertainment, and these standards create an obligation to guarantee political and intellectual culture in a comprehensive sense. In this respect, financing public broadcasting from licence fees, if this should be regarded as aid, and as a means of financing the organisation of public broadcasting as a whole, would be a measure "to promote culture" for the purposes of EC Treaty Art. 92, para. 3 d) (Part 3, I.).

b) As an aid to culture, the German broadcasting licence fees would not adversely affect the conditions of trade and competition in the Community to an extent that ran contrary to the common interest (EC Treaty Art. 92, para. 3 d), 2nd clause). Weighing up Germany's interest in promoting its culture in the broadcasting sector against the Community's interest in effective intra-Community competition, the system of financing German public broadcasting turns out to be a reasonable influence, within the meaning of Community Law, on the situation of competition in the Community. Financing by means of licence fees is an appropriate instrument in order to promote culture in Germany by guaranteeing the comprehensive provision of the population with basic public broadcasting services. It is also necessary for this purpose, since there is no "more appropriate" alternative which would be preferable from the point of view of Community Law. It is out of the question in law and in fact to "break down" the range of programmes broadcast into "(high) culture" programme elements, financed from licence fees, and other elements, financed by advertising. Legally, the entire public broadcasting programme for the purposes of its task of providing basic services comes within its cultural policy mandate. If quality is to be preserved, all the programme elements must be financed from licence fees. If state authorities were to assess the programme in qualitative terms, "breaking down the programming", this would impair broadcasting freedom and lead to insuperable difficulties in practice. Ultimately, a model involving "breaking down" the programming would run contrary to the German constitutional situation and interfere with the existence of public broadcasting, and it would make culture shallower - contrary to EC Treaty Art. 128 - instead of promoting it. Finally, financing the German broadcasting corporations from licence fees is an appropriate system. In establishing a balance between the extraordinary interests of cultural policy on which the system of financing via licence fees is based and any adverse effect on intra-Community broadcasting competition, which would be slight at the very most, the Community's mandate to promote culture within the meaning of EC Treaty Arts. 3 p) and 128 weighs heavier (Part 3, II).

12. As a consequence of the balancing of interests just described in item 11, the discretion of the European Commission for the purposes of EC Treaty Art. 92, para. 3, sentence 1 is restricted in assessing the compatibility of cultural aid with the Common Market. If the conclusion has been reached that cultural aid does not constitute a serious impairment of intra-Community competition, then, in view of the Community's mandate to promote culture, there is no rational reason apparent not to authorise such aid (Part 3, III).

Les Redevances de Radiodiffusion Allemandes et le Droit Européen de l'Aide d'Etat

Résumé des resultats

1. En Allemagne, toute personne qui dispose d'un poste radio conformément au traité de radiodiffusion des Länder allemands doit payer des redevances de radiodiffusion. Ces redevances alimentent directement les Offices de radiodiffusion de droit public pour autant qu'elles ne sont pas destinées à d'autres fonctions publiques. Le volume de redevances est la principale source de financement des chaînes de radiodiffusion de droit public. Le financement par la publicité des Offices de radiodiffusion publiques est fortement limité par la loi et par la concurrence avec les chaînes de radiodiffusion privée. Celles-ci se financent par la publicité. Une participation des chaînes privées au volume de redevances est inadmissible (partie 1, I. 1).

2. Le volume de redevances sert à la réalisation de la totalité des tâches qui sont imposées par la constitution et la loi à la radiodiffusion de droit public. L'accomplissement de ces services de radiodiffusion publique limite le montant des redevances de radiodiffusion. En vertu de la liberté de radiodiffusion (article 5 de la Loi fondamentale) le montant des redevances est régulièrement fixé par une procédure „à distance de l'Etat". Dans cette procédure la voix d'une „Commission pour la détermination des besoins financiers des Offices de radiodiffusion" (KEF) indépendante joue un rôle décisif (partie 1, I. 1).

3. La redevance de radiodiffusion allemande présente une forme mixte quant à son statut juridique. A part les éléments d'une redevance d'utilisation de l'Office, elle représente avant tout la contribution principale aux frais totaux de l'activité de radiodiffusion (partie 1, I. 2).

4. La mission de la radiodiffusion de droit public en Allemagne est „l'approvisionnement de base de la population en services de radiodiffusion". La réalisation de cette mission incombe aux Offices de radiodiffusion en tant qu'obligation constitutionnelle dans le but de garantir la pluralité des opinions et l'épanouissement culturel dans une société démocratique.

Par approvisionnement de base on entend une mission générale de politique culturelle s'exprimant par la création de programmes. Elle concerne tant l'information que l'art et les divertissements au sens le plus large que les conditions techniques et d'organisation nécessaires selon l'état de la technique (garantie de l'acquis et garantie de développement). Les pouvoirs publics auront à régler le financement par les redevances de manière à ce que la radiodiffusion de droit public puisse garantir l'approvisionnement de base qui lui est imposé. La jurisprudence de la Cour constitutionnelle fédérale a précisé que l'accomplissement stable de la mission d'approvisionnement de base par les Offices de radiodiffusion représentait la condition constitutionnelle pour l'admission de la radiodiffusion privée en Allemagne. Celle-ci n'est pas assujettie à des obligations comparables en ce qui concerne la conception de son programme (partie 1, I. 3).

5. Dans le cadre de la réalisation de la libre prestation de service dans la Communauté (article 59 et suivants du Traité de la CE), ainsi que depuis 1993, dans le cadre des contributions de la Communauté à l'épanouissement des cultures des pays membres en respectant la variété nationale et régionale (article 128 du Traité de la CE), la radiodiffusion relève par principe du domaine d'application du Traité de la CE. L'activité de radiodiffusion économique est assujettie au Contrôle des aides de la CE selon l'article 92 et suivants du Traité de la CE) tout comme au règlement dérogatoire pour les aides destinées à la promotion de la culture (article 92 alinéa 3 d) du Traité de la CE). Conformément au principe de l'autorisation individuelle limitée, la compétence de la Communauté se borne aux aspects mentionnés. La création de programmes radio qui constitue la nature même et la principale activité de la radiodiffusion est par principe laissée aux soins des Länder de la RFA. Cela est plus particulièrement vrai de la radiodiffusion en tant qu'institution culturelle comme on peut le déduire de l'article 128 du Traité de la CE (partie 1, II et partie 2, I).

6. Une étude plus attentive de l'article 92 alinéa 1 du Traité de la CE montre que les redevances de radiodiffusion allemandes ne sont pas des „aides" de fait au sens de cette article.

a) Les redevances ne constituent pas de „traitement préférentiel" d'entreprises ou de secteurs de production déterminés, que la Commission et la Cour de justice européenne ont souligné comme élément nécessaire de la notion d'aide. Etant donné que le volume des redevances de radiodiffusion représente par son montant la rémunération appropriée pour l'approvisionnement de base globale en services de radiodiffusion publique on ne saurait parler d'un traitement préférentiel surcompensatoire des Offices de radiodiffusion. En effet la radiodiffusion de droit public allemande se bat depuis des années pour combler ses déficits budgétaires. Sur cette toile de fond, on pourrait bien davantage parler d'une „sous-compensation" des frais d'approvisionnement de base par le volume des redevances (partie 2, II, 1. a) - b)).

b) Les redevances de radiodiffusion ne sont pas des aides au sens de l'article 92 alinéa 1 du Traité de la CE parce qu'elles ne sont pas librement concédées par l'Etat. La Cour de justice constitutionnelle a commenté que le financement par les redevances de la radiodiffusion de droit public allemande représentait une conséquence inévitable constitutionnelle de l'indépendance de la radiodiffusion de droit public par rapport à l'Etat (article 5 de la Loi fondamentale „Distance par rapport à l'Etat"). Lors de la création du système de financement de la radiodiffusion par des redevances la liberté de disposition législative de l'Etat n'existait pas, telle que la présume l'article 92 alinéa 1 du Traité de la CE en ce qui concerne les aides (partie 2, II. 1, c)).

c) En plus il est fort douteux que les redevances de radiodiffusion „soient octroyées à partir de fonds publics", tel que le définit l'article 92 alinéa 1 du Traité de la CE. Il suffit de s'en tenir au sens naturel du terme. Les redevances ne sont ni directement à la charge du budget de l'Etat ni y a-t-il des fonds publics qui alimenteraient indirectement par l'intermédiaire d'une institution publique ou privée les Offices de radiodiffusion. Les redevances de radiodiffusion allemandes sont une „taxe de citoyens" directe payée par les abonnés de la radio aux Offices de radiodiffusion, pour laquelle l'Etat ne fait intervenir que sont pouvoir de légiférer. Il est fort douteux que l'on puisse l'interpréter comme un „octroi à partir de fonds publics" au sens de la pratique communautaire - peu claire du reste -. La perception de redevances de radiodiffusion ne tombe pas sous le sens de cette règle qui porte sur les taxes publiques contraignantes qui causent des distorsions de la concurrence au sens de la Communauté. La procédure „à distance de l'Etat" pour la fixation des redevances avec la KEF indépendante en tant qu'instance de décision essentielle rapproche les redevances de radiodiffusion des prestations privées qui selon la jurisprudence européenne constante ne sont pas considérées comme fonds publics (partie 2, II. 2).

7. Etant donné que les redevances de radiodiffusion ne sont pas des aides de fait au sens de l'article 92 alinéa 1 du Traité de la CE (voir chiffre 6 ci-dessus), on ne peut pas dire que l'application des règles sur les aides empêcherait au sens de l'article 92 alinéa 2 du Traité de la CE „de droit ou de fait“ la prestation des services de radiodiffusion publique par les Offices de radiodiffusion allemands. Certes les Offices de radiodiffusion allemands sont des entreprises publiques déterminées selon l'article 92 alinéa 1 du Traité de la CE auxquelles ont été confiées au sens de l'article 90 alinéa 2 du Traité de la CE des prestations de services d'intérêt général (également) économique. Article 90 alinéa 2 du Traité de la CE reste en principe applicable, en tant que dérogation générale, au domaine de la radiodiffusion également après l'insertion de la "clause culturelle" de l'article 92 alinéa 3 d) du Traité de la CE. L'analyse des règles de concurrence du Traité par rapport aux redevances de radiodiffusion allemandes conduit cependant, faute de leur caractère d'aides, au résultat qu'il n'y a pas de raison d'appliquer ces règles quant à leur fond. Article 90 alinéa 2 du Traité de la CE n'empêche ainsi pas l'application de l'article 92 et suivants du Traité de la CE au présent état de fait. Il ne change cependant rien non plus au résultat auquel on est déjà parvenu de savoir que les redevances ne sont pas des aides (partie 2, II. 3 - 4).

8. Le financement de la radiodiffusion de droit public allemande par des redevances ne fausse ni actuellement ni en puissance la concurrence intra-communautaire au sens de l'article 92 alinéa 1 du Traité de la CE.

   a) Sur les divers marchés de radiodiffusion (qui nous intéressent) il y a une situation concurrentielle diverse et dans l'ensemble limitée sur le plan intra-communautaire. Sur le marché des programmes, la concurrence principale sur le marché allemand se déroule entre la radiodiffusion de droit public et la radiodiffusion privée. Cette concurrence est du reste "boiteuse" au détriment des Offices de radiodiffusion publics étant donné que ceux-ci sont assujettis en tout temps aux obligations de qualité et de variété du fait de leur mission d'approvisionnement de base ainsi qu'aux restrictions en matière de publicité. La situation concurrentielle sur le marché n'est générale que pour le fond des programmes. Sur le plan économique, elle se restreint aux heures limitées auxquelles la radiodiffusion de droit public peut faire de la publicité. Pour les mêmes raisons, la concurrence est limitée sur le marché publicitaire vu que la radiodiffusion de droit public n'a accès qu'à une partie de ce marché. La concurrence publicitaire se joue à son tour principalement au niveau national. Même aux heures autorisées pour la publicité, la radiodiffusion de droit public est tenue de respecter les normes de sa mission d'approvisionnement de base et ne peut pas miser sans contraintes sur "l'audimate". Sur le marché de procuration des programmes il y a une concurrence intra-communautaire et internationale plus vive (entre autres pour les droits cinématographiques et de sports). La radiodiffusion de droit public se trouve en l'occurrence dans une situation compétitive plus défavorable vu qu'elle doit "répartir" ses ressources financières conformément aux exigences de variété de sa mission d'approvisionnement de base et qu'elle a par conséquent des limites financières dans la concurrence pour l'acquisition de droits attrayants par leur masse. Dans le domaine du marché d'exploitation des programmes, une concurrence intra-communautaire et internationale existe jusqu'à un certain degré (partie 2, III, 1).

b) Vu la "concurrence boiteuse" entre la radiodiffusion de droit public allemande et ses concurrents en Allemagne et dans la Communauté, on ne saurait parler d'une distorsion de cette concurrence par les redevances de radiodiffusion. L'examen de la situation de fait du marché actuel au sens de la jurisprudence de la Cour de justice européenne ne révèle pas de restric-tions artificielles des conditions de marché par un traitement préférentiel des Offices de radiodiffusion de droit public. Bien au contraire, la radiodiffusion de droit public n'est placée dans la situation de pouvoir remplir sa mission d'approvisionnement de base imposée par la loi que moyennant son financement par les redevances et ne peut s'affirmer sur le marché malgré les désavantages compétitifs existants que par elles. Pour les mêmes raisons, le financement par les redevances ne constitue pas de restrictions du commerce entre les pays membres au sens d'une aggravation ou d'un allégement artificiel du commerce de droits transfrontalier. Les offices de radiodiffusion allemands ne jouissent pas d'un avantage de coûts non mérité. Le volume de redevances leur permet simplement, malgré "les contraintes" de la mission d'approvisionnement de base y compris les restrictions publicitaires, de participer à ce commerce, plus ou moins sur un pied d'égalité (partie 2, II. 2-3).

9. En coopération avec l'Allemagne la Commission Européenne, dans sa surveillance des aides selon l'article 93 du Traité de la CE n'a vu aucun motif depuis 1958 de réviser le système connu du financement de la radiodiffusion en Allemagne sous prétexte qu'il constituerait une aide d'après l'article 93 alinéa 1 du Traité de la CE. Il en va de même de la situation depuis le milieu des années quatre-vingts qui ont vu l'apparition d'un double régime

de radiodiffusion avec un secteur de droit public et un secteur privé en Allemagne, époque à laquelle la Communauté commençait à développer un marché commun de prestation de services de radiodiffusion. A plusieurs reprises, la Communauté a reconnu le caractère particulier de la radiodiffusion de droit public en tant que "Service public" dans l'intérêt de la collectivité (partie 2, IV.).

10. Dans tous les Etats membres de la Communauté la responsabilité publique de la radiodiffusion est reconnue. En Allemagne la Cour constitutionnelle fédérale a souligné dans sa jurisprudence constante l'importance politique d'une radiodiffusion indépendante de droit public pour la sauvegarde des libertés fondamentales de l'ordre constitutionnel démocratique. A cette fin, la forme "à distance de l'Etat" du financement est une condition préalable nécessaire. Au sens des Traités européens, le régime de radiodiffusion allemand - tout comme ceux des autres Etats membres - fait partie de l'identité nationale de la République Fédérale d'Allemagne que respecte l'Union Européenne selon l'article F alinéa 1 du Traité de l'Union. La radiodiffusion en tant qu'institution culturelle est aussi un élément constitutif de la culture nationale de chaque Etat membre. La Communauté encourage ces cultures dans leur variété nationale et régionale conformément à l'article 3 p), 128 du Traité de la CE. Ces dispositions qui portent sur des positions fondamentales dans les traités ont une importance pour l'interprétation par analogie du droit communautaire aux questions de radiodiffusion (partie 2, V.).

11. Même si (contrairement au chiffre 6-8 ci-dessus) on voulait considérer les redevances de radiodiffusion allemandes comme aides de fait au sens de l'article 92 alinéa 1 du Traité de la CE, elles devraient être considérées comme aides pour la promotion de la culture, qui selon l'article 92 alinéa 3 d) du Traité de la CE peuvent être considérées comme compatibles avec le Marché commun.

a) "La culture" au sens de l'article 92 alinéa 3 d) du Traité de la CE se réfère à la culture nationale de l'Etat membre dans lequel l'aide est octroyée. Une aide à la culture, dans le cadre du droit communautaire se caractérise essentiellement d'après l'idée de la culture que se fait chaque Etat membre. Un coup d'oeil au principe de subsidiarité de l'article 3 b) du Traité de la CE conduit également à cette interprétation.

Dans la pratique de l'Etat allemand des dernières décennies, une notion élargie de la culture est devenue prédominante. Elle ne se limite pas à la "haute culture" artistique ("High culture") mais elle est devenue un terme général pour la sphère spirituelle dans son intégralité ("Kulturstaat" (état civilisé), "Kulturhoheit" (souveraineté culturelle) etc.). La Cour constitutionnelle fédérale définit la radiodiffusion dans son ensemble comme une institution culturelle dans sa jurisprudence.

L'approvisionnement de base en radiodiffusion de la population par la radiodiffusion de droit public représente dans ce contexte une mission de politique culturelle qui pose des jalons non seulement dans le domaine de l'art mais tout autant dans l'information et les divertissements qui engagent les chaînes publiques à garantir une culture politique et spirituelle au sens large. Dans ce sens, le financement par les redevances de la radiodiffusion de droit public, si l'on voulait l'interpréter comme aide, serait à considérer comme financement de l'organisation générale de la radiodiffusion de droit public et donc comme une mesure de "promotion de la culture" au sens de l'article 92 alinéa 3 d) du Traité de la CE (partie 3, I.).

b) En tant qu'aide culturelle, les redevances de radiodiffusion allemandes ne porteraient pas atteinte aux conditions de commerce et de concurrence dans la Communauté dans une proportion qui serait contraire à l'intérêt commun (article 92 alinéa 3 d) du Traité de la CE). Si l'on fait la pondération entre les intérêts de l'Allemagne à promouvoir sa culture dans le domaine de la radiodiffusion et les intérêts de la Communauté a une concurrence intra-communautaire efficace, le système de financement de la radiodiffusion de droit public se révèle exercer une influence relative sur la situation compétitive de la Communauté compatible avec le droit communautaire. Le financement par les redevances sont un instrument approprié pour garantir en Allemagne une promotion de la culture et l'approvisionnement de base général de la population en services de radiodiffusion publique. Ce financement est aussi nécessaire étant donné que le droit communautaire ne met pas à disposition une alternative "plus appropriée" qui serait à préférer. La "séparation" du programme de radiodiffusion en éléments de programme de "haute culture" financés par les redevances et d'autres éléments de programme financés par la publicité est exclue tant sur le plan juridique que sur le plan des faits. Du point de vue juridique, le programme de droit public dans son ensemble est placé sous la mission de politique culturelle dans le sens de la mission d'approvisionnement de base. L'assurance qualité exige pour toutes les parties du programme un financement par les redevances. Des évaluations qualitatives des programmes par des instances publiques au sens d'une "fragmentation du programme" porteraient atteinte à la liberté de radiodiffusion et conduiraient dans la pratique à des difficultés inextricables. Enfin le "modèle de fragmentation" est contraire à la situation constitutionnelle allemande et porterait atteinte à l'existence de la radiodiffusion de droit public et contrairement à l'article 128 du Traité de la CE nivellerait la culture au lieu de la promouvoir. Le financement par les redevances des Offices de radiodiffusion allemands est enfin un système adéquat. Dans la pondération entre les intérêts de politique culturelle extraordinaires qui sont à la base du financement par les redevances avec tout au plus une insignifiante restriction de la concurrence intra-communautaire dans la radiodiffusion, la mission de promotion de la culture de la Communauté au sens de l'article 3 p, 128 du Traité de la CE a plus de poids (partie 3, II).

12. Suite à la pondération décrite à l'instant au chiffre 11 la discrétion de la Commission Européenne au sens de l'article 92 alinéa 3 phrase 1 du Traité de la CE est restreinte par rapport à l'évaluation de la compatibilité d'une aide culturelle avec le Marché commun. S'il s'est avéré que l'aide culturelle ne porte pas sérieusement atteinte à la concurrence intra-communautaire on ne voit pas de motif raisonnable, face à la mission de promotion de la culture de la Communauté, pour ne pas approuver une telle aide (partie 3, III).

Literaturverzeichnis*

Astheimer: Rundfunkfreiheit, ein europäisches Grundrecht. Eine Untersuchung zu Art. 10 EMRK, 1990

Badura: Rundfunkfreiheit und Finanzautonomie, 1986

Bethge: Die Grundversorgung des öffentlich-rechtlichen Rundfunks in der dualen Rundfunkordnung, MP 1996, S. 66 ff.

Betz: Vorschläge für ein verfassungskonformes Gebührenfestsetzungsverfahren, MP 1995, S. 298ff.

Bleckmann: Ermessensmißbrauch im Europäischen Gemeinschaftsrecht, FS Kutscher, 1981, S. 25 ff.

— Öffentlich-rechtliche Spartenprogramme als Bestandteil der Grundversorgung?, 1996

Bohr/Albert: Die EU - das Ende der eigenständigen Kulturpolitik der deutschen Bundesländer?, ZRP 1993, S. 61 ff.

Bullinger: Freiheit von Presse, Rundfunk und Film, in: Isensee/Kirchhof, HdbStR VI (1989), S. 667-738

Caspari: Subventions- und Antisubventionspolitik der EG, 1985

Delbrück: Die kulturelle und individuelle Identität als Grenzen des Informationspluralismus, in: Wolfram (Hrsg.): Recht auf Information - Schutz vor Information, 1986, S. 181 ff.

Deringer: Europäisches Gemeinschaftsrecht und nationale Rundfunkordnung, ZUM 1986, S. 627 ff.

Dörr: Die Entwicklung des Medienrechts, NJW 1995, 2263 ff.

— Europäische Perspektiven der dualen Rundfunkordnung, ZUM 1995, 264 ff.

Dörr/Closs/Kreutzer: Die Vereinbarkeit der Gebührenfinanzierung des österreichischen Rundfunks mit dem EG-Beihilfenrecht, 1995 (= ZUM 1996, S. 105 ff.)

---

* Nur für das Thema der Untersuchung spezifische Titel. Vgl. im übrigen die Anmerkungen.

Eberle: Das europäische Recht und die Medien am Beispiel des Rundfunkrechts, AfP 1993, S. 422 ff.

— Das Fernsehen im Zugriff des europäischen Rechts, FS Thieme, 1993, S. 939 ff.

— Die Rundfunkgebühr, AfP 1995, S. 559 ff.

— Aktivitäten der EU auf dem Gebiet der Medien und ihre Auswirkungen auf den öffentlich-rechtlichen Rundfunk, ZUM 1995, S. 763 ff.

— Öffentlich-rechtliches Fernsehen im digitalen Zeitalter, FS Kreile, 1994, S. 167 ff.

Emmerich: Rundfunkrecht im Wettbewerbsrecht, AfP 1989, S. 433 ff.

Engel: Die Konkurrenz zwischen den öffentlich-rechtlichen Rundfunkanstalten und privaten Anbietern, in: Peter/Rhein (Hrsg.): Wirtschaft und Recht, 1989, S. 243 ff.

— Europarechtliche Grenzen für öffentlich-rechtliche Spartenprogramme, 1996

— Kommunikation und Medien, in: Dauses (Hrsg.): Hdb. EG-Wirtschaftsrecht, 1995, E, V

Enquête-Kommission Zukunft der Medien in Wirtschaft und Gesellschaft, 1. Zwischenbericht Bundestags-Drucksache 13/6000 v. 7.11.1996

Everling: Der Buchhandel im Europäischen Binnenmarkt, in: AG wiss. Sortimentsbuchhandlung (Hrsg.): Buchhandel und europäischer Binnenmarkt, 1989, S. 17 ff.

Fechner: Art. 128 EGV (Kultur), in: Handbuch des Europäischen Rechts, I A 59, 1995

Forrester/Norall/Sutton: Applications of the State Aid Provisions of the EEC-Treaty to Licence Fees, 1993, (unveröff.)

Fröhlinger: EG-Wettbewerbsrecht und Fernsehen, in: Bayerische Landeszentrale für neue Medien (Hrsg.): Euro-Medien-Dimensionen, 1993, S. 103 ff.

Grundmann: Die öffentlich-rechtlichen Rundfunkanstalten im Wettbewerb, 1990

Grupp: Grundfragen des Rundfunk-Gebührenrechts, 1983

Grupp/Schäder: Neue Tendenzen in der Rechtsprechung des EuGH zur Verhältnismäßigkeit, EWS 1993, S. 27 ff.

Häberle (Hrsg.): Kulturstaatlichkeit und Kulturverfassungsrecht, 1982

Herrmann: Zur Entstehung der Rundfunkorganisation in der Bundesrepublik Deutschland, RuF 1962, S. 368 ff.

— Europa und die Medien, ZUM 1985, S. 175 ff.

— Rundfunkrecht, 1994

Hoffmann-Riem: Kulturelle Identität und Vielfalt im Fernsehen ohne Grenzen?, MP 1985, S. 181 ff.

— Rundfunk in Europa zwischen Wirtschafts- und Kulturfreiheit, Ipsen-Symposion, 1988, S. 74 ff.

— Rundfunkrecht neben Wirtschaftsrecht, 1991

— Kommunikations- und Medienrecht, in: Benda/Maihofer/Vogel, Hdb. des Verfassungsrechts, 2. Aufl. 1995, S. 191 ff.

— Öffentliches Wirtschaftsrecht der Kommunikation und Kultur der Medien, in: R. Schmidt (Hrsg.): Öffentliches Wirtschaftsrecht, Bes. Teil 1, 1995, S. 567 ff.

Ipsen: Rundfunk im Europäischen Gemeinschaftsrecht, 1983

Jensen: Kultur für alle, 1985

Jung: Zum Kulturstaatsbegriff, 1976

Jungbluth: Das Niederlassungsrecht der Rundfunkveranstalter in der EG, 1992

Kail: L'exception culturelle, Les Temps modernes Nr. 569/1993, S. 135 ff.

Koenig/Pechstein: Die Europäische Union, 1995

Kugelmann: Der Rundfunk und die Dienstleistungsfreiheit des EWG-Vertrages, 1991

Lange: Die Finanzierung des öffentlich-rechtlichen Rundfunks in der zukünftigen Wettbewerbssituation, ZUM 1995, S. 529 ff.

Laursen: Staatliche Kulturförderung in der EU, 1995, (unveröff.)

Lefèvre: Staatliche Ausfuhrförderung und das Verbot wettbewerbsverfälschender Beihilfen im EWGV, 1977

Libertus: Grundversorgungsauftrag und Funktionsgarantie, 1991

Lonan/Mortelmans/Post/Watson: Culture and Community Law - Before and after Maastricht, 1992

Mahrenholz: Die gesellschaftliche Bedeutung des öffentlich-rechtlichen Rundfunks, ZUM 1995, S. 508 ff.

Müller-Graff: Die Erscheinungsformen der Leistungssubventionstatbestände aus wirtschaftlicher Sicht, ZHR 152 (1988), S. 403 ff.

Niedobitek: Kultur und Europäisches Gemeinschaftsrecht, 1992

Niepalla: Die Grundversorgung durch die öffentlich-rechtlichen Anstalten, 1990

Oppermann: Kulturverwaltungsrecht, 1969

— Europarecht, 1991

— Die deutsche Länderkulturhoheit und EG-Aktivitäten in Bildung, Forschung und technologischer Entwicklung, in: Vogel/Oettinger (Hrsg.): Föderalismus in der Bewährung, 1992, S. 73 ff.

— ARTE - Ein Experiment in europäischer Kultur, GS Grabitz, 1995, S. 483 ff.

Oppermann/Kilian: Rechtsgrundsätze der Finanzierung des öffentlich-rechtlichen Rundfunks in der dualen Rundfunkverfassung der Bundesrepublik Deutschland, 1989

Ossenbühl: Rundfunk zwischen nationalem Verfassungsrecht und europäischem Gemeinschaftsrecht, 1986

Palmeri: Gli aiuti di Stato alle produttive ed il loro regime comunitario Articoli 92-94 Trattato CE, 2. Aufl. 1992

Pieper: Medienrecht im Spannungsfeld von "Broadcasting und Multimedia", ZUM 1995, S. 552 ff.

Putnam, Hayes & Bartlett (Hrsg.): Report on Public Financing and Obligations in the European Union, 1995 (Autoren: Sturgess/Aubel/Pistre/Argimon)

Rengeling: Das Beihilferecht der Europäischen Gemeinschaften, in: Börner/Neundörfer (Hrsg.): Recht und Praxis der Beihilfen im gemeinsamen Markt, 1984, S. 23 ff.

Ress: Kultur und Europäischer Binnenmarkt, 1991

— Die neue Kulturkompetenz der EG, DÖV 1992, S. 944 ff.

— Die Zulässigkeit von Kulturbeihilfen in der EU, in: Fechner/Oppermann/Prott (Hrsg.), Prinzipien des Kulturgüterschutzes, 1996, S. 123 ff.

Sander: "Cultural Exception" in der WTO - eine Bereichsausnahme für audiovisuelle Medien, in: Dittmann/Fechner/Sander (Hrsg.): Der Rundfunkbegriff im Wandel der Medien, Berlin 1997, S. 177 ff.

Schmidt: Die Rundfunkgebühr in der dualen Rundfunkordnung, 1989

Schockweiler: La notion de détournement de pouvoir en droit communautaire, in: Actualité juridique de droit administratif (AJDA) 1990, S. 435 ff.

Schwartz: Zur Zuständigkeit der EG im Bereich des Rundfunks, AfP 1987, 375 ff.

Selmer/Gersdorf: Die Finanzierung des Rundfunks in der Bundesrepublik Deutschland auf dem Prüfstand des EG-Beihilfenregimes, 1994

Sichtermann: Gutes Fernsehen ist Kultur, in: Scharping (Hrsg.): Demokratische Medien - der Mensch im Mittelpunkt, 1995

Slot: Procedural Aspects of State Aids, CMLRev. 1990, S. 741 ff.

— State Aids in the Cultural Sector, 1994

Steindorff: Grenzen der EG-Kompetenzen, 1990

Steiner/Grimm: Kulturauftrag im staatlichen Gemeinwesen, VVDStRL 42 (1984), S. 7 ff., 46 ff.

v. *Wallenberg*: Die Vereinbarkeit der staatlichen Finanzierung öffentlich-rechtlicher Fernsehanstalten mit Art. 92 EGV, GS Grabitz, 1995, S. 867 ff.

Wemmer: Die neuen Kulturklauseln des EG-Vertrages. Eine Analyse der Art. 128 EGV und Art. 9 Abs. 3 lit. d) EGV, 1996

Kolibri 360 GmbH
Ferdinand-Jühlke-Straße 7
99095 Erfurt, Deutschland
produktsicherheit@kolibri360.de

Druck:
CPI Druckdienstleistungen GmbH
im Auftrag der
Kolibri 360 GmbH
Ferdinand-Jühlke-Str. 7
99095 Erfurt